öbv

Kerstin Schmidt-Hönig
Natanya Tinnefeld u. a.

Lasso Sachbuch

mit Englisch 2

4 Lebensbereiche – 16 Kapitel

Das Lasso Sachbuch orientiert sich an der Lebenswelt des Kindes, die sich stetig erweitert: Ich → Wir → Um uns herum → Die Welt verstehen
Jedes Kapitel ist einem dieser 4 Lebensbereiche zugeordnet:

Ich

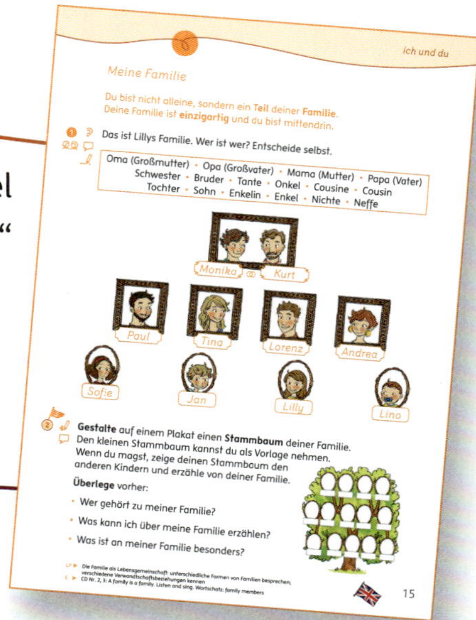
Ich und du

Meine Familie

Du bist nicht alleine, sondern ein **Teil** deiner **Familie**. Deine Familie ist **einzigartig** und du bist mittendrin.

1 Das ist Lillys Familie. Wer ist wer? Entscheide selbst.

Oma (Großmutter) · Opa (Großvater) · Mama (Mutter) · Papa (Vater) Schwester · Bruder · Tante · Onkel · Cousine · Cousin Tochter · Sohn · Enkelin · Enkel · Nichte · Neffe

2 **Gestalte** auf einem Plakat einen **Stammbaum** deiner Familie. Den kleinen Stammbaum kannst du als Vorlage nehmen. Wenn du magst, zeige deinen Stammbaum den anderen Kindern und erzähle von deiner Familie.
Überlege vorher:
- Wer gehört zu meiner Familie?
- Was kann ich über meine Familie erzählen?
- Was ist an meiner Familie besonders?

15

Zum Beispiel das Kapitel „Ich und du“

Wir

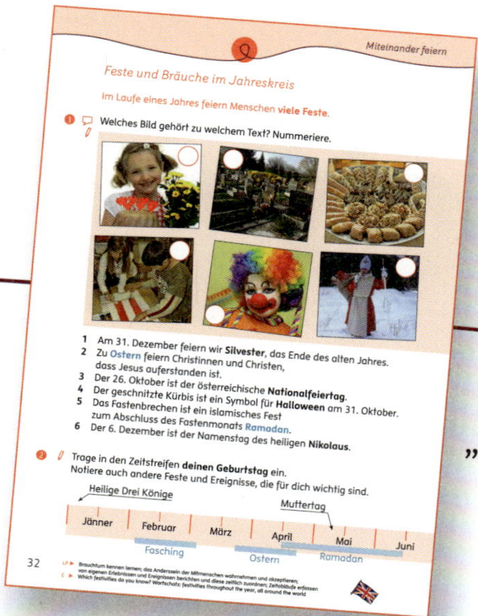
Miteinander feiern

Feste und Bräuche im Jahreskreis

Im Laufe eines Jahres feiern Menschen **viele Feste**.

1 Welches Bild gehört zu welchem Text? Nummeriere.

1 Am 31. Dezember feiern wir **Silvester**, das Ende des alten Jahres.
2 Zu **Ostern** feiern Christinnen und Christen, dass Jesus auferstanden ist.
3 Der 26. Oktober ist der österreichische **Nationalfeiertag**.
4 Der geschnitzte Kürbis ist ein Symbol für **Halloween** am 31. Oktober.
5 Das Fastenbrechen ist ein islamisches Fest zum Abschluss des Fastenmonats **Ramadan**.
6 Der 6. Dezember ist der Namenstag des heiligen **Nikolaus**.

2 Trage in den Zeitstreifen **deinen Geburtstag** ein. Notiere auch andere Feste und Ereignisse, die für dich wichtig sind.

32

Zum Beispiel das Kapitel „Miteinander feiern“

Um uns herum

Der Verkehr

Auf deinem **Schulweg** musst du im **Verkehr** auf viele Dinge Acht geben! **Verkehrszeichen** helfen dir, dich auf der Straße zurechtzufinden.

1 Welche **Verkehrszeichen** gehören zu welchem Bild? Nummeriere die Bilder.

2 Welche **Verkehrszeichen** entdeckt ihr rund um eure Schule? Fotografiert sie. Dann besprecht die Fotos in der Klasse.

5 6 7 8

29

Zum Beispiel das Kapitel „Der Verkehr“

Die Welt verstehen

Alle arbeiten

Verschiedene Berufe

Menschen haben unterschiedliche **Berufe**. Manche stellen etwas her. Manche arbeiten, um anderen Menschen zu helfen. Mit ihrer **Arbeit** verdienen sie **Geld**, das sie zum Leben brauchen.

1 Welche **Berufe** und welche **Arbeitsstätten** entdeckst du auf dem Bild?

2 Warum sind diese Berufe für die Gemeinschaft wichtig? Besprecht die **Aufgaben** und **Tätigkeiten** der Menschen.

3 Manche Menschen haben **keine Arbeit**. Sie sind ______ (solstiebra)

60

Zum Beispiel das Kapitel „Alle arbeiten“

Englisch im Lasso Sachbuch

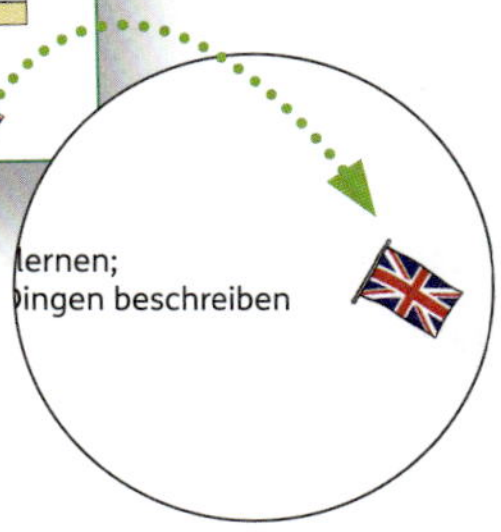

Sachunterrichtsseiten
mit Englisch-Hinweisen

Englisch-Seiten

Das bedeuten diese Zeichen:

Arbeitet zu zweit oder in Gruppen.

Rede oder singe.

Hör zu.

Bastle.

Entdecke und forsche.

Diese Aufgabe fordert dich besonders.

Schreibe.

Kreuze an.

Kreise ein.

Verbinde.

Zeichne oder male.

Schau im ABC
des Lernens nach.

Inhalt

ABC des Lernens		7–9
In der Schule	Willkommen im zweiten Schuljahr!	10–11
	Miteinander streiten – miteinander reden	12
	Nein sagen!	13
Ich und du	Ich über mich	14
	Meine Familie	15
	Gefühle und Stimmungen	16
	Feelings	17
Ernährung	Erntezeit	18
	Food	19
Auf dem Bauernhof	Ein Bauernhof	20
	Tiere auf dem Bauernhof	21
	Waren vom Bauernhof	22
Im Herbst	Der Herbst beginnt	23
	Flying Kites	24
	Lebensraum Wald	25
	Laubbäume und Nadelbäume	26–27
Der Verkehr	Viele Verkehrszeichen	28–29
	On the Street	30
Miteinander feiern	Christmas Time	31
	Feste und Bräuche im Jahreskreis	32–33
Die Zeit	Tag – Monat – Jahr	34
	Durch das Jahr	35
Im Winter	Tiere im Winter	36–37
	Vögel im Winter	38

Ich

Wir

Der Körper	Auf den Körper achten	39
	Mein Körper	40
	Unsere Sinne	41
	Unsere Sinne anwenden	42–43
	Das Baby ist da!	44
	Ein Kind wächst heran	45
Die Zeit	Meine Woche – mein Tag	46
	Hobbies	47
	Uhr und Uhrzeiten	48
	The Clock	49
Im Frühling	Der Frühling	50
	Frühblüher	51
	Pflanzen und Tiere im Frühling	52
	Animals	53
	Der Storch	54–55
	Die Biene	56–57
Alle arbeiten	Vom Korn zum Brot	58–59
	Verschiedene Berufe	60
	Was ich werden möchte	61
	Jobs and Workplaces	62
	Viel Arbeit im Haushalt	63
	Feuerwehr – Polizei – Rettung	64
	Community Helpers	65
Um uns herum	In der Stadt ...	66
	... und auf dem Land	67
	Unsere Umgebung erkunden	68
	Am Spielplatz	69
Das Wetter	Die Temperatur messen	70
	Das Wetter beobachten	71
	The Weather	72
	Weather and Clothes	73

Um uns herum

Die Welt verstehen

Inhalt

Die Welt verstehen .... Luft zum Leben 74
Was Luft alles kann 75
Experimente mit Luft 76–77
Die Kraft der Magneten 78–79
Formen von Wasser 80
Wasser verwenden 81
Experimente mit Wasser 82

Das hat mir besonders gut gefallen 83

Mit dem Würfel auf die Reise 84

Mein Geburtstagskalender 85–88

1 *Sich informieren*

Wenn dich ein Thema besonders interessiert,
du aber noch nicht viel darüber weißt,
musst du dich informieren.

Dazu kannst du Erwachsene fragen,
in Büchern und Zeitschriften nachschlagen
oder im Internet suchen.

2 *Vortrag*

Wenn du von einer Sache viel weißt,
bist du eine Expertin oder ein Experte.
Du kannst andere in einem Vortrag
über etwas informieren.

Zu Hause überlege:
- Was wird die anderen interessieren?
- Was will ich sagen?
- Wie will ich es sagen?

In der Schule beachte:
- Schreibe das Thema an die Tafel.
- Sprich laut und deutlich.
- Zeige Bilder und Gegenstände.

3 *Plakat*

Wenn du andere informieren oder wenn du für etwas werben willst, kannst du ein Plakat anfertigen.

Ein gutes Plakat braucht eine Überschrift, interessante Bilder und kurze Info-Texte. Die Schrift soll gut lesbar sein.

4 *Steckbrief mit Sachzeichnung*

Wenn du über einen Menschen, eine Pflanze, ein Tier oder ein Ding informieren willst, kannst du einen Steckbrief erstellen.

Du kannst dazu eine Sachzeichnung anfertigen. Zeichne so genau und so groß wie möglich. Zeichne wichtige Dinge ein.

5 *Experiment*

Wenn du Fragen hast, kannst du manche davon durch ein Experiment beantworten.
Zu einem Experiment gehören immer mehrere Schritte:

1 Frage stellen

2 Vermutung äußern

3 Experiment planen

4 Experiment durchführen

5 Experiment auswerten

Zur Erinnerung kannst du ein Faltbuch erstellen.
Schau dazu im ABC des Lernens im Lasso Sachbuch 1 nach.

Willkommen im zweiten Schuljahr!

Im **Klassenzimmer** gibt es viel zu entdecken.

1 Was gibt es **Neues** in deiner **Klasse**?

In einer **guten Klassengemeinschaft** fühlen sich alle Kinder wohl.

2 Was ist für eine **gute Klassengemeinschaft** wichtig?
Was könnt ihr dafür tun? Sammelt **Ideen**.

Mir ist wichtig, dass ...

Mein Vorschlag: ...

Ich wünsche mir, dass ...

LP ► Beiträge für das Zusammenleben leisten; die unmittelbare Umgebung kennen lernen, sich darin zurechtfinden, erste Orientierungsgesichtspunkte erfassen
E ► What can you see on the picture? Wortschatz: school things, in my classroom

Wenn sich alle an **Regeln** halten, können sie gut miteinander arbeiten.

3 Was findest du **wichtig**? Warum findest du das wichtig?

flüstern zuhören streiten aufzeigen

sich vertragen herausrufen herumlaufen

einander helfen andere ärgern andere ausspotten

still arbeiten geduldig sein

4 Gestaltet gemeinsam ein **Plakat** mit euren **Klassenregeln**. Eure Lehrerin oder euer Lehrer hilft euch dabei.

Unsere Klassenregeln

1. Wir sind freundlich zueinander.
2. ...

LP ▶ Beiträge für das Zusammenleben leisten; die unmittelbare Umgebung kennen lernen, sich darin zurechtfinden, erste Orientierungsgesichtspunkte erfassen
E ▶ What can you see on the picture? Wortschatz: school things, in my classroom

Miteinander streiten – miteinander reden

Manchmal haben Menschen **unterschiedliche Meinungen** und **streiten**. Auch dann sollen sie einander **zuhören** und sorgsam miteinander umgehen.

1 Wie kommt es zu einem Streit? Wie kann man **Streit vermeiden**? Spielt **Streitsituationen** nach. Findet gute **Lösungen**.

Gib mir das zurück!

Durchs Reden kommen die Leute zusammen!

Du tust mir weh!

Lass mich los!

Lach mich nicht aus!

2 Für ein **gutes Gespräch** braucht man Regeln. Übt diese **Gesprächsregeln**.

1. Ich beschreibe meine Gefühle.
2. Ich höre dem sprechenden Kind gut zu.
3. Ich lasse die anderen Kinder ausreden.
4. Ich frage nach, wenn ich etwas nicht verstanden habe.
5. Ich lasse andere Meinungen gelten.

LP ▶ Sich selbst und andere kennen lernen; eigenes Verhalten und die eigene Rolle gegenüber anderen beobachten (Rollenspiele); die Kommunikation verbessern; das Anderssein der Mitmenschen wahrnehmen, sich damit auseinandersetzen und akzeptieren; Schwierigkeiten im Zusammenleben mit anderen bewältigen

Nein sagen!

Manche Situationen fühlen sich nicht gut an oder können gefährlich sein.
Vertraue dann deinem Gefühl und sag **NEIN!**

1 Was siehst du auf den Bildern?
Zeichne dein eigenes **NEIN-Bild** in das leere Feld.

2 Was ist zu tun? Wie soll man sich verhalten?
Findet in der Klasse oder mit einem Erwachsenen **gute Lösungen**.

3 **Spielt** die Situationen **nach**.
Sagt laut **NEIN**, wenn es notwendig ist.

Ich über mich

Du bist ein ganz **besonderer Mensch**, dich gibt es nur einmal.

1 **Beschreibe** dich selbst in diesem **Steckbrief**.

So sehe ich aus:

Vorname und Nachname:

___

___

Wohnadresse:

___

___

Geburtstag: ___

Haarfarbe: ___

Spitzname: ___

Augenfarbe: ___

Schuhgröße: ___

Meine Hobbys sind:

___

___

___

Das macht mir in der Schule besonders Spaß:

___

___

Das kann ich gut:

___

___

Das möchte ich lernen:

___

___

2 Vergleicht eure Steckbriefe miteinander.

LP ▶ Sich selbst und andere kennen lernen; sich selbst beschreiben
E ▶ CD Nr. 1: I am special. Listen and repeat. Wortschatz: to introduce oneself

Meine Familie

Du bist nicht alleine, sondern ein **Teil** deiner **Familie**.
Deine Familie ist **einzigartig** und du bist mittendrin.

1 Das ist Lillys Familie. Wer ist wer? Entscheide selbst.

Oma (Großmutter) • Opa (Großvater) • Mama (Mutter) • Papa (Vater)
Schwester • Bruder • Tante • Onkel • Cousine • Cousin
Tochter • Sohn • Enkelin • Enkel • Nichte • Neffe

3

2 **Gestalte** auf einem Plakat einen **Stammbaum** deiner Familie.
Den kleinen Stammbaum kannst du als Vorlage nehmen.
Wenn du magst, zeige deinen Stammbaum den anderen Kindern und erzähle von deiner Familie.

Überlege vorher:

- Wer gehört zu meiner Familie?
- Was kann ich über meine Familie erzählen?
- Was ist an meiner Familie besonders?

LP ▶ Die Familie als Lebensgemeinschaft: unterschiedliche Formen von Familien besprechen; verschiedene Verwandtschaftsbeziehungen kennen
E ▶ CD Nr. 2, 3: A family is a family. Listen and sing. Wortschatz: family members

Gefühle und Stimmungen

Menschen haben **unterschiedliche Gefühle**.
Manchmal sind wir **fröhlich, lustig** oder **glücklich**.
Ein anderes Mal sind wir **wütend, traurig** oder **ängstlich**.
Gefühle kann man den Menschen oft ansehen.

1 Wie **fühlen** sich die Kinder?

Zeichne ein: 🙂 angenehmes Gefühl 😢 unangenehmes Gefühl

2 Stelle verschiedene Gefühle pantomimisch (ohne zu sprechen) dar.
Die anderen Kinder sollen sie **erraten**.

3 **Zeichne** dein **Gesicht** und **schreibe** dazu.

Ich bin froh,

wenn ______________________________

______________________________________.

Ich bin wütend,

wenn ______________________________

______________________________________.

Ich bin traurig,

wenn ______________________________

______________________________________.

Ich bin

______________________________,

wenn ______________________________

______________________________________.

LP ▶ Gefühle und Stimmungen in bestimmten Situationen beschreiben;
Wirkungen von Gefühlen bei sich und anderen erkennen

Feelings

1

LP ▶ Gefühle und Stimmungen in bestimmten Situationen beschreiben
E ▶ CD Nr. 4: Happy, angry or sad? Listen and draw in the face. Wortschatz: feelings

Erntezeit

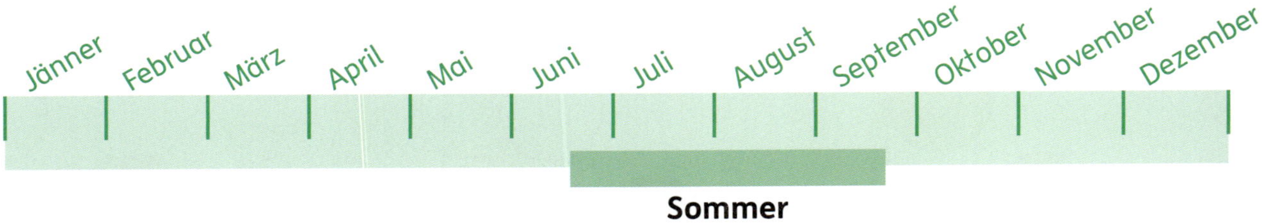

Im Sommer wird viel **Obst** und **Gemüse** reif und kann geerntet werden.
Obst und Gemüse haben viele **Vitamine** und sind sehr gesund.

1 Was kennst du schon? Was möchtest du kosten?

2 Besucht einen Markt in eurer Nähe.
Was wird dort alles angeboten? Was kommt aus **Österreich**?

3 Baut in der Klasse einen Marktstand auf.
Kostet das Obst und Gemüse.

LP ▶ Die Bedeutung von Pflanzen für den Menschen erkennen (Ernährung); elementare Einsichten über Dinge gewinnen, die wir zum täglichen Leben brauchen
E ▶ Wortschatz: fruit and vegetables; I like – I don't like

Food

1

LP ▶ Voraussetzungen einer gesunden Lebensführung kennen (Ernährung)
E ▶ CD Nr. 5: Healthy Food. Listen, point and repeat the words. Wortschatz: healthy and unhealthy food

Ein Bauernhof

Auf diesem kleinen **Bauernhof** leben **Menschen** und **Tiere**.
Auf den **Feldern** und **Äckern** werden Getreide, Mais, Sonnenblumen, Erdäpfel, Feldgemüse und vieles mehr **angebaut** und **geerntet**.
Menschen und Tiere brauchen diese Pflanzen als **Nahrung**.

1 Viele **Speisen** und **Getränke** werden aus Pflanzen gemacht.
Welche kennst du?

LP ▶ Die Bedeutung von Pflanzen und Tieren für unseren Lebensraum erkennen;
ein erstes Verständnis für das Versorgtwerden und Versorgen gewinnen; Herstellung von Waren kennen lernen

Tiere auf dem Bauernhof

Auf einem Bauernhof können **Schweine**, **Rinder**, **Hühner**, **Gänse**, **Enten**, **Schafe**, **Ziegen** und andere Tiere leben. Von diesen erhalten die Bäuerin und der Bauer **Fleisch**, **Milch**, **Eier**, **Wolle** und **Federn**.

1 Wer gehört zu welcher **Tierfamilie**? Verbinde die Bilder.

2 Wer gehört zu wem? Ordne ein.

die Kuh • der Widder • der Eber • der Stier
die Sau • das Lamm • das Ferkel • das Kücken
das Schaf • die Henne • der Hahn • das Kalb

	Männchen	Weibchen	Junges
Rind			
Schaf			
Huhn			
Schwein			

4

3 Gestalte einen **Steckbrief** eines Tieres auf dem Bauernhof. Dabei kann dir ein **Sachbuch** helfen.

LP ▶ Einige Tiere der unmittelbaren Umgebung kennen und benennen;
Einsicht über Dinge gewinnen, die wir zum täglichen Leben brauchen
E ▶ CD Nr. 6, 7: Old Mac Donald. Listen and sing. Wortschatz: animals and their families

Waren vom Bauernhof

1 Von welchem Tier stammt welche **Speise** oder welches **Getränk**?

2 **Sprecht** über den **Arbeitstag** einer Bäuerin oder eines Bauern.

12. August

Wieder ein anstrengender Tag!
Die Erntezeit ist da.
Wir dreschen Hafer und Weizen.
Dann bringen wir Körner und Stroh in die Scheune.
Danach versorge ich noch die Tiere.
Ich melke die Kühe und sammle Eier ein.
Alle arbeiten bis spät am Abend.

3 Gibt es in eurer Nähe einen **Bauernhof**?
Gibt es dort Viehzucht, Ackerbau, Obstbau ...?
Was könnt ihr dort erkunden?
Kann man dort Waren einkaufen?
Unternehmt einen Ausflug dorthin.

LP ▶ Die Beziehung des Menschen zur Natur verstehen lernen; Bedeutung von Tieren für den Menschen erkennen; elementare Kenntnisse über einige Berufe und Arbeitsstätten erwerben

Der Herbst beginnt

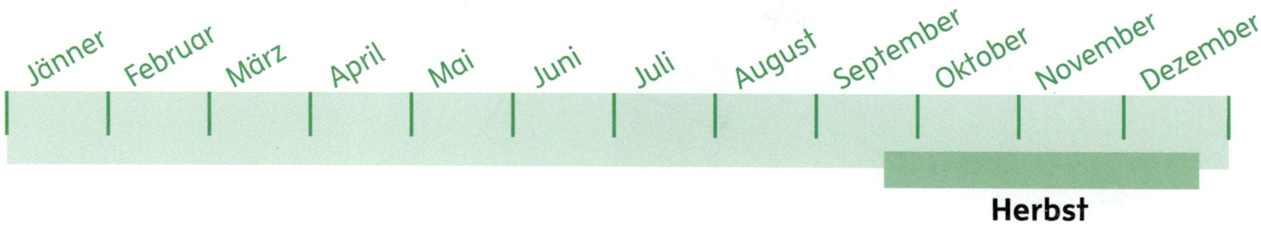

Im **Herbst** bereiten sich die Pflanzen und Tiere auf den kalten **Winter** vor. Viele **Früchte** werden reif, das Laub wird bunt, die Tage werden kürzer.

1. Was ist **typisch** für den Herbst?
Überlege dir, so wie Niko, ein Rätsel.
Die anderen sollen raten.

Es hat vier **Ecken**, einen langen, bunten **Schwanz** und steigt bei **Wind** hoch in die **Luft**. Was ist das?

4

2. **Suche** auf deinem **Schulweg** ein schönes **Herbstblatt**.
Mache davon eine **Sachzeichnung**.

3. Macht einen **Herbstspaziergang** in einen Park oder Wald.
Sammelt Blätter, Früchte und Samen.
Nehmt sie mit in eure Klasse.
Wer erkennt die Schätze der Natur mit verbundenen Augen?

LP ▶ Naturvorgänge im Jahresverlauf kennen lernen; einzelne Naturobjekte untersuchen; Begegnung mit der Natur erfahren, dabei erste spezifische Arbeitsweisen und Fertigkeiten erlernen
E ▶ CD Nr. 8, 9: The leaves on the trees. Listen and sing. Wortschatz: signs of autumn

Flying Kites

1

E ▶ CD Nr. 10: Kites. Listen and colour in in the right colour. Wortschatz: colours, clothes

Lebensraum Wald

Der **Wald** ist für uns **lebenswichtig**. Er bremst den **Wind**.
Er speichert **Regenwasser**. Er spendet frische **Luft**. Er liefert **Holz**.
Im Wald wachsen unterschiedliche **Bäume** und **Pflanzen**.
Im Wald leben viele **Tiere**.

1 Welche **Arten von Wald** gibt es bei uns?

Laubwald | Mischwald | Nadelwald

2 Nimm ein **Blatt Papier** und einen weichen Stift.
Mache damit einen **Rindenabrieb** von einem Baum.

3 Halte im Wald diese **Regeln** ein.

leise | Abfälle | Wildtieren | Äste | Lagerfeuer

Wir nehmen die ______________________ mit nach Hause.

Wir sind im Wald immer ______________________.

Wir halten Abstand zu ______________________ (Tollwutgefahr).

Wir verzichten auf ein ______________________.

Wir lassen die ______________________ an den Bäumen und Sträuchern.

4 Welche **Waldtiere** kennst du?
Suche dir eines aus. Gestalte einen **Steckbrief**.

LP ▶ Verantwortungsbewusstes Verhalten gegenüber der Natur entwickeln; den Lebensraum Wald kennen lernen; die Beziehung des Menschen zur Natur verstehen lernen (Lebensqualität)

Laubbäume und Nadelbäume

In einem **Mischwald** wachsen **Laubbäume** und **Nadelbäume**.

1 Trage **L** für **Laubbaum** und **N** für **Nadelbaum** ein.
Beschrifte die Bäume.

die Tanne

die Eiche

der Ahorn

die Fichte

die Föhre/Kiefer

die Buche

der A ____________________

die E ____________________

die F ____________________

LP ▶ Naturobjekte untersuchen, vergleichen und zuordnen; die Vielfalt des Waldes kennen lernen; erste Formenkenntnisse über Pflanzen gewinnen

die T

die B

2 Fallen dir noch andere Bäume ein?

die F

3 Geht in den **Wald**.
Sammelt dort Blätter, Früchte, Moos und Steine.
Bastelt daraus im Werkunterricht ein **Wald-Fantasie-Wesen**.
Macht damit in der Klasse eine **Ausstellung**.

LP ▶ Naturobjekte untersuchen, vergleichen und zuordnen; die Vielfalt des Waldes kennen lernen; erste Formenkenntnisse über Pflanzen gewinnen

Viele Verkehrszeichen

Wenn bei einer großen Kreuzung die **Ampel** ausfällt, kommt eine Polizistin oder ein Polizist und regelt den **Verkehr** mit **Handzeichen**.

1 Was bedeuten die **Handzeichen** der Polizistin oder des Polizisten?
Wann darfst du gehen? Wann musst du stehen bleiben?
Übt in der Klasse.
Male die Rahmen richtig an.

2 Was bedeuten diese **Verkehrszeichen**?
Ordne die Bedeutungen zu und nummeriere sie.

- ◯ Hier kannst du in den Bus einsteigen.
- ◯ Hier darfst du über die Straße gehen.
- ◯ Dieser Weg ist nur für Fußgänger.
- ◯ Fußgänger und Radfahrer benutzen gemeinsam diesen Weg.
- ◯ Das Licht sagt dir, wann du sicher über die Straße gehen darfst.
- ◯ Dieser Weg ist nur für Radfahrer.
- ◯ Hier kommst du zu einer Eisenbahnkreuzung.
- ◯ Hier darfst du spielen. Autos müssen sehr langsam fahren.

1 

2 

3 

4 

LP ► Verkehrserziehung: bedeutende Verkehrszeichen kennen lernen und mit konkreten Situationen in Verbindung setzen

Auf deinem **Schulweg** musst du im **Verkehr** auf viele Dinge Acht geben!
Verkehrszeichen helfen dir, dich auf der Straße zurechtzufinden.

3 Welche **Verkehrszeichen** gehören zu welchem Bild?
Nummeriere die Bilder.

4 Welche **Verkehrszeichen** entdeckt ihr rund um eure Schule?
Fotografiert sie.
Dann besprecht die Fotos in der Klasse.

5

6

7

8

On the Street

1

LP ▶ Verkehrserziehung: Verkehrseinrichtungen kennen und finden
E ▶ CD Nr. 11, 12: The wheels on the bus. Remember the song, listen and sing.
CD Nr. 13: I see two motorcycles. Listen. Then find the vehicles. Wortschatz: traffic, vehicles, numbers

Christmas Time

1

Feste und Bräuche im Jahreskreis

Im Laufe eines Jahres feiern Menschen **viele Feste.**

1 Welches Bild gehört zu welchem Text? Nummeriere.

1 Am 31. Dezember feiern wir **Silvester**, das Ende des alten Jahres.
2 Zu **Ostern** feiern Christinnen und Christen, dass Jesus auferstanden ist.
3 Der 26. Oktober ist der österreichische **Nationalfeiertag**.
4 Der geschnitzte Kürbis ist ein Symbol für **Halloween** am 31. Oktober.
5 Das Fastenbrechen ist ein islamisches Fest zum Abschluss des Fastenmonats **Ramadan**.
6 Der 6. Dezember ist der Namenstag des heiligen **Nikolaus**.

2 Trage in den Zeitstreifen **deinen Geburtstag** ein.
Notiere auch andere Feste und Ereignisse, die für dich wichtig sind.

Heilige Drei Könige — Muttertag

Jänner	Februar	März	April	Mai	Juni

Fasching — Ostern — Ramadan

LP ▶ Brauchtum kennen lernen; das Anderssein der Mitmenschen wahrnehmen und akzeptieren; von eigenen Erlebnissen und Ereignissen berichten und diese zeitlich zuordnen; Zeitabläufe erfassen
E ▶ Which festivities do you know? Wortschatz: festivities throughout the year, all around the world

Manche Feste finden immer am gleichen Tag statt.
Bei anderen Festen ändert sich das Datum jedes Jahr.

7 Am **Muttertag** bedanken wir uns bei unserer Mama.
8 Das Fest der **Heiligen Drei Könige** wird am 6. Jänner gefeiert.
9 Das jüdische Lichterfest **Chanukka** dauert acht Tage.
10 Der **Fasching** ist die verrückteste Zeit im Jahr.
11 Zu **Weihnachten** am 24. und 25. Dezember feiert man im Christentum den Geburtstag von Jesus.
12 Zu **Allerheiligen** am 1. November besuchen viele Menschen den Friedhof.

Allerheiligen
Halloween
Nationalfeiertag
Silvester
Weihnachten
Nikolaus

Juli | August | September | Oktober | November | Dezember

Chanukka

LP ▶ Brauchtum kennen lernen; das Anderssein der Mitmenschen wahrnehmen und akzeptieren; von eigenen Erlebnissen und Ereignissen berichten und diese zeitlich zuordnen; Zeitabläufe erfassen
E ▶ Which festivities do you know? Wortschatz: festivities throughout the year, all around the world

Tag – Monat – Jahr

Schon immer haben die Menschen die **Zeit** eingeteilt.
Sie richteten sich nach dem Stand der **Sonne**,
des **Mondes** und der **Sterne**.
So teilten sie auch **Tage, Monate** und **Jahre** ein.

1 Lest gemeinsam den Text durch.

Ein Tag
Die Erde dreht sich immer um sich selbst.
Eine Drehung dauert **24 Stunden**.
Diese Zeitspanne nennen wir **Tag**.
Ein Teil der Erde ist immer von der Sonne abgewandt.
Dort ist für etwa 12 Stunden **Nacht**.

Ein Monat
Der Mond kreist immer um die Erde.
Eine Umrundung dauert etwa **28 Tage**.
Diese Zeitspanne nennen wir **Monat**.

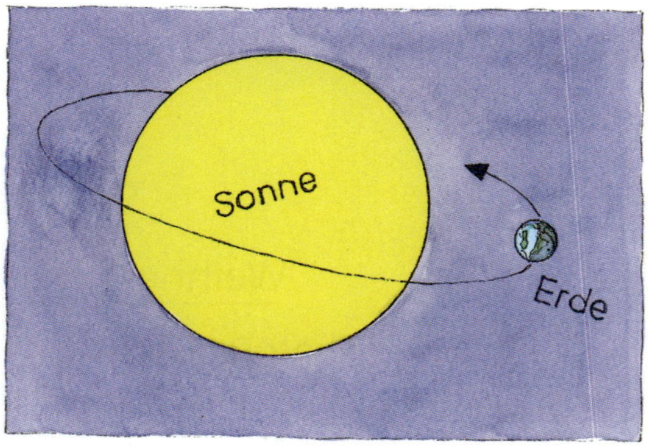

Ein Jahr
Die Erde bewegt sich auch in einem großen Kreis um die Sonne.
Das dauert etwa **365 Tage**.
Diese Zeitspanne nennen wir **Jahr**.

2 Spielt den Lauf der Erde und des Mondes im Turnsaal nach.
Ein Kind ist die Sonne, ein Kind die Erde, ein Kind der Mond.
Eure Lehrerin oder euer Lehrer hilft euch dabei.

LP ▶ Zeitabläufe erfassen und einfach darzustellen versuchen; Gliederung der Zeit erfassen

Durch das Jahr

1. Trage die **Jahreszeiten**, die **Monate** und die **Tage** ein.
Nimm einen **Kalender** zu Hilfe.

Herbstbeginn: 23. September
Tag und Nacht sind gleich lang.

Winterbeginn: 21. Dezember
Der Tag ist am kürzesten und die Nacht am längsten.

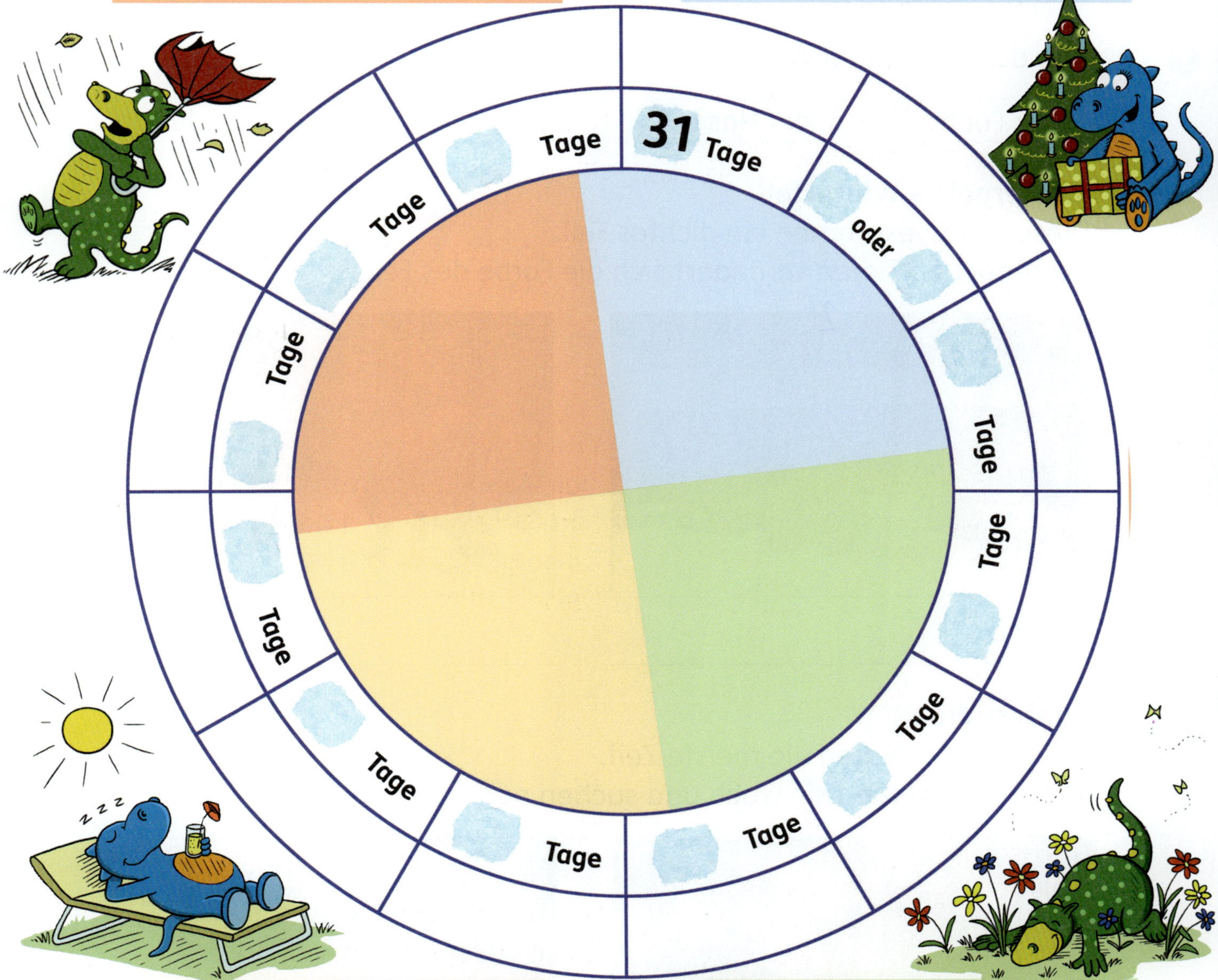

Sommerbeginn: 21. Juni
Der Tag ist am längsten und die Nacht am kürzesten.

Frühlingsbeginn: 20. März
Tag und Nacht sind gleich lang.

2. Trage die **Geburtstage** aller Kinder, Lehrerinnen und Lehrer deiner Klasse in deinen Geburtstagskalender ein.

LP ▶ Zeitabläufe erfassen und einfach darzustellen versuchen; Bestimmung und Gliederung der Zeit erfassen
E ▶ CD Nr. 17: Spring is ... Listen and repeat. Wortschatz: seasons, a whole year; CD Nr. 18, 19: January, February, March. Remember the song, listen and sing. Wortschatz: months of the year ▶ **Geburtstagskalender, S. 86**

Tiere im Winter

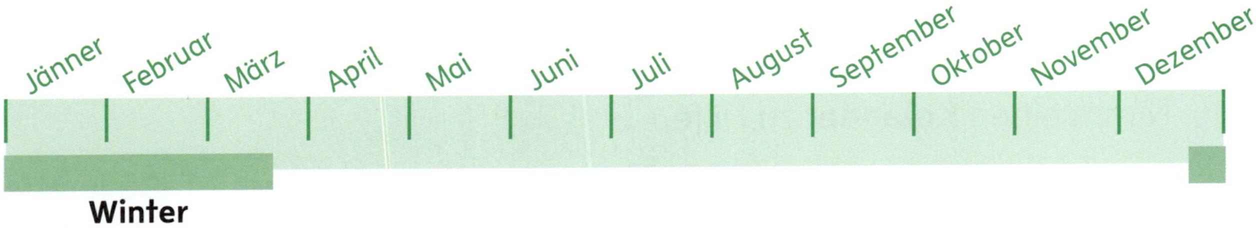

Tiere verbringen den Winter auf unterschiedliche Weise.

1 Lies den Text und beschrifte die Bilder.

der Fuchs	der Hase	das Eichhörnchen	der Bär

Winterpelz – Winterfell
Diese Tiere bekommen ein dichtes Fell.
Bei manchen Tieren verändert sich die Farbe des Felles.

______________________ ______________________

Winterruhe
Diese Tiere schlafen die meiste Zeit.
Manchmal werden sie wach und suchen nach Nahrung.

______________________ ______________________

die Fledermaus	der Frosch	der Marienkäfer	der Igel

Winterschlaf
Diese Tiere fressen sich satt und schlafen den ganzen Winter lang.

Winterstarre
Diese Tiere senken ihre Körpertemperatur und werden unbeweglich.

2 Gestaltet ein **Plakat** zu einem dieser Tiere.
Sammelt Bilder zum Aufkleben.
Schreibt **Informationen** auf.
Schaut dazu in einem **Sachbuch** nach.

Ich schaue auch im Internet nach.

Vögel im Winter

Viele Vögel bleiben im Winter bei uns. Wir nennen sie **Standvögel**.
Im Herbst bekommen sie wärmende **Winterfedern**,
damit sie nicht erfrieren.

1 Wie heißen die Vögel auf dem Bild?
Schau in einem **Tierbestimmungsbuch** nach und nummeriere.

1 die Kohlmeise

2 der Buchfink

3 die Amsel

4 die Blaumeise

5 das Rotkehlchen

6 der Spatz

Manchen Vögeln ist es bei uns im Winter zu kalt.
Sie finden nicht genug Nahrung.
Wir nennen sie **Zugvögel**.
Im Herbst fliegen sie in wärmere Länder.
Im Frühling kommen sie wieder zurück.

Der Storch ist auch ein Zugvogel. Schau auf Seite 54 und 55 nach.

die Schwalbe

der Kuckuck

der Gartenrotschwanz

LP ▶ Einige Tiere der unmittelbaren Umgebung kennen und benennen;
erste Einsichten in Lebensvorgänge und biologische Zusammenhänge gewinnen

Auf den Körper achten

Unser **Körper** braucht **Pflege**, damit er gesund bleibt.

1 Wie pflegst du deinen Körper?
Nummeriere die Bilder.

1 Hände waschen
2 Zähne putzen
3 duschen oder baden
4 Haare waschen und kämmen
5 Nägel schneiden oder feilen

2

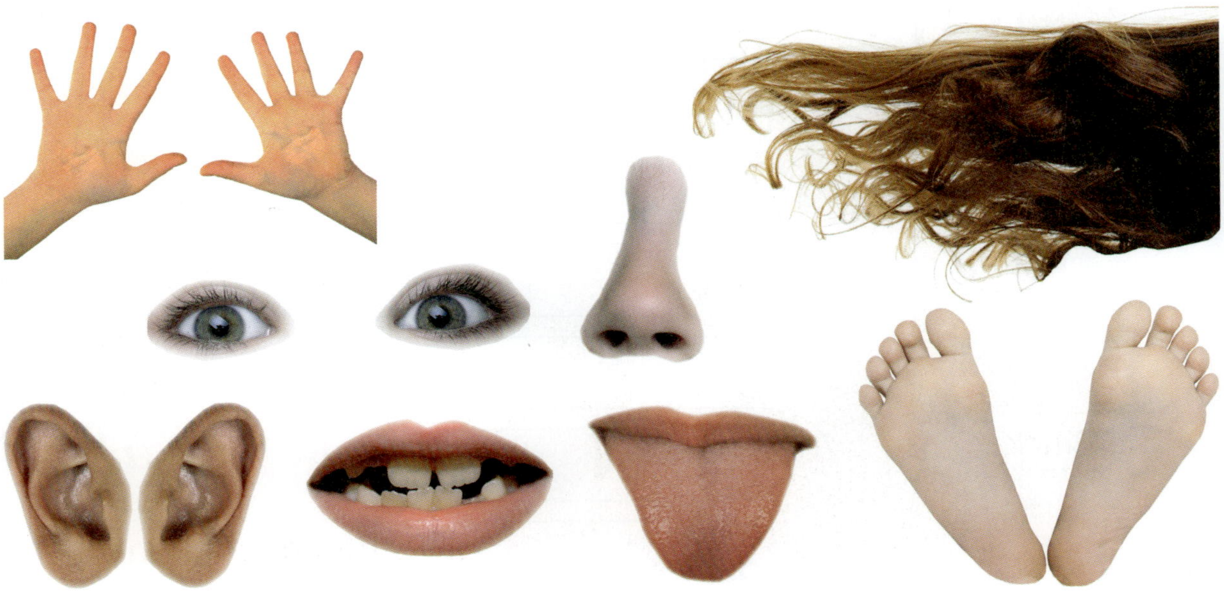

LP ▶ Voraussetzungen einer gesunden Lebensführung kennen lernen (Körperpflege)
E ▶ CD Nr. 21, 22: Brush your teeth. Listen and sing. CD Nr. 23: I have two eyes. Repeat the poem.

Mein Körper

Mädchen und Buben haben viel gemeinsam.
Manche **Körperteile** sind unterschiedlich.

1 Wie heißen die Körperteile?

KOPFHALSSCHULTERBRUSTARMELLBOGENHANDFINGER
GLIEDHODENSCHEIDEBEINKNIEFUẞZEHE

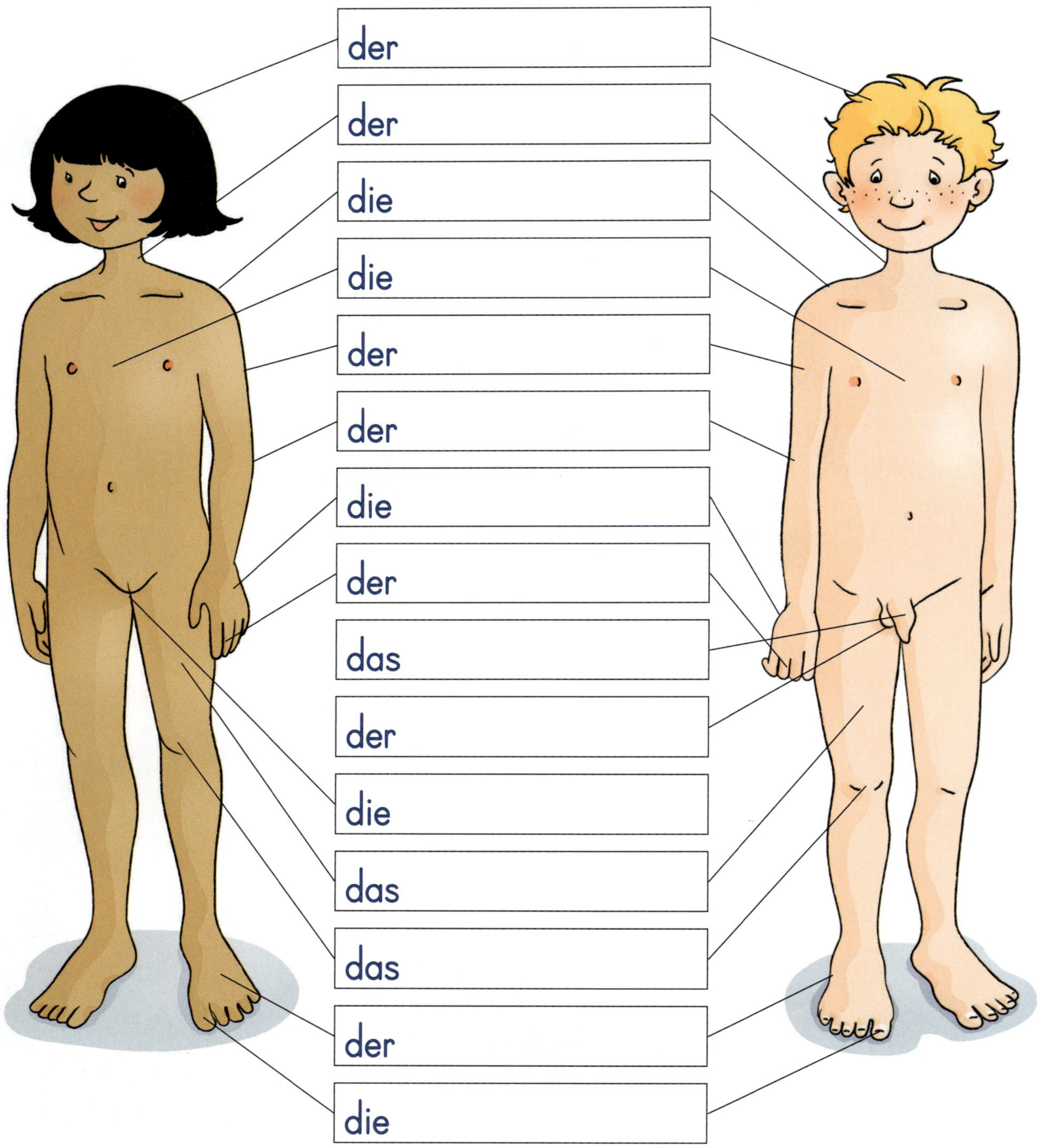

LP ▶ Kenntnisse über den menschlichen Körper erwerben; elementares Wissen zur menschlichen Sexualität anbahnen
E ▶ Wortschatz: head, shoulders, knees, toes …

Unsere Sinne

Mit unseren **fünf Sinnesorganen** nehmen wir unsere Umwelt wahr und reagieren auf sie.

1 Wofür brauchen wir unsere fünf Sinnesorgane?

Mit den **Augen** ______________________ wir,

mit den **Ohren** ______________________ wir,

mit der **Nase** ______________________ wir,

mit der **Haut** ______________________ wir,

mit der **Zunge** ______________________ wir.

schmecken
riechen
sehen
fühlen
hören

2 Welches Sinnesorgan ist das?

Ich kann süß, sauer, salzig und bitter unterscheiden. •

Ich kann Geräusche, Stimmen und Musik wahrnehmen. •

Ich bin dein größtes Sinnesorgan. •

Ich kann Dinge am Geruch erkennen. •

Ich kann Farben und Formen erkennen. •

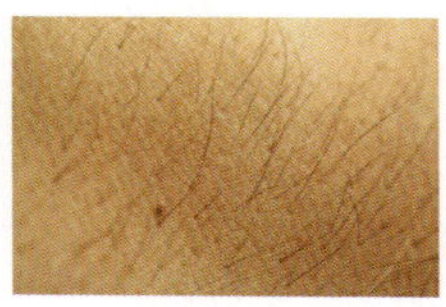

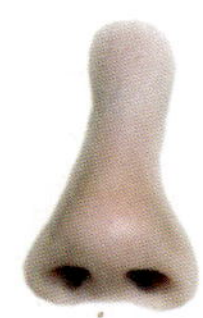

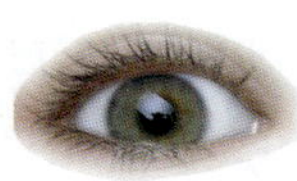

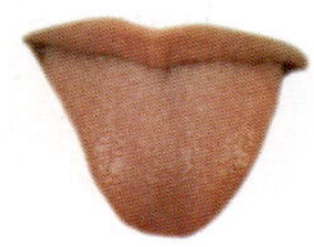

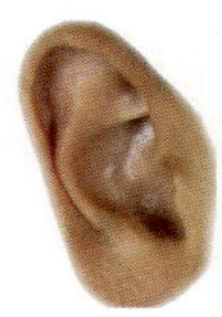

3 Welche Sinnesorgane arbeiten bei diesen Menschen nicht richtig oder gar nicht?

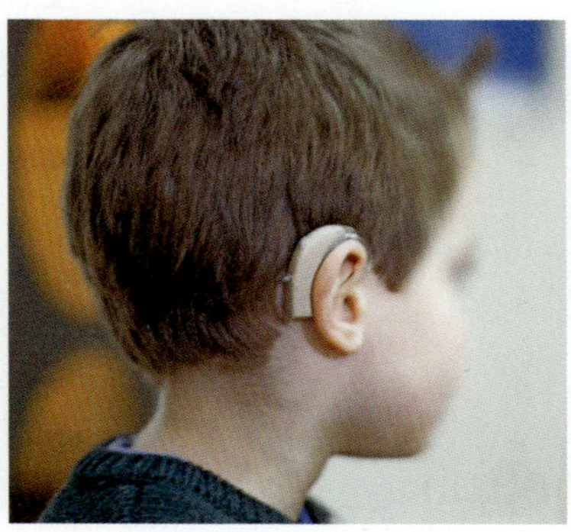

Unsere Sinne anwenden

Fühlen: Die **Haut** ist unser größtes Sinnesorgan.
Sie umhüllt unseren ganzen Körper.
Mit unseren Fingerspitzen können wir besonders gut fühlen.

1 Was kannst du mit den Händen fühlen?
Schreibe die passenden **Eigenschaften** in die Finger.
Streiche die Eigenschaften durch, die du nicht fühlen kannst.

spitz • rau • ~~rot~~
kalt • rund
kratzig • blau
weich • warm
nass • hell
hart • sauer
dunkel • glatt

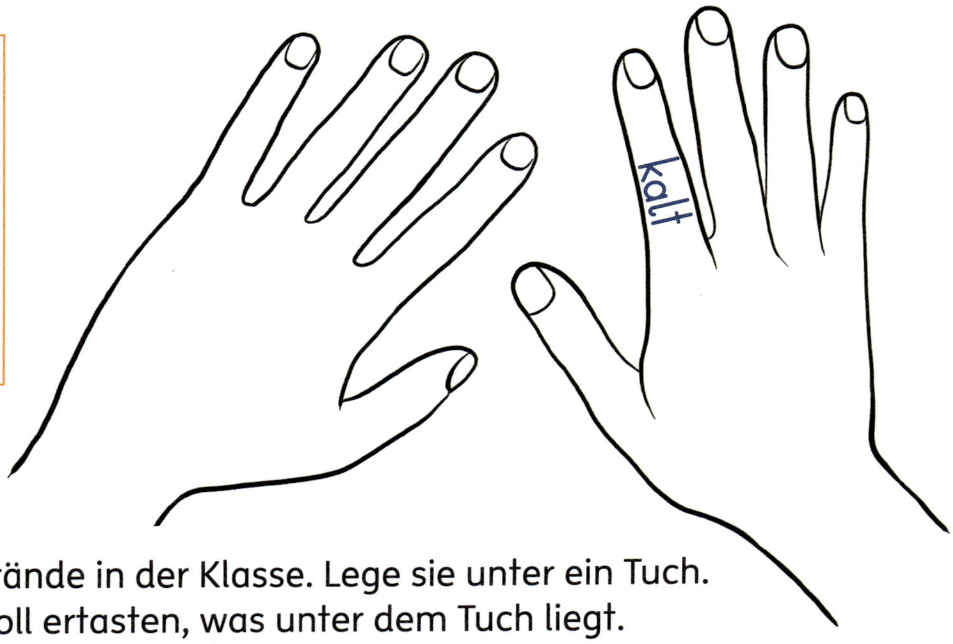

2 Finde fünf Gegenstände in der Klasse. Lege sie unter ein Tuch.
Ein anderes Kind soll ertasten, was unter dem Tuch liegt.

Schmecken: Wir brauchen unsere **Zunge** zum Sprechen und zum Schmecken. Mit der Zunge erkennen wir den **Geschmack** von Nahrungsmitteln.

3 Wie schmecken verschiedene Nahrungsmittel? Koste sie.

süß
sauer
bitter
salzig

Zitrone: ______________________

Zucker: ______________________

Chips: ______________________

Grapefruit: ______________________

LP ▶ Die wichtigsten Funktionen von Körperteilen und von äußeren Organen kennen (Sinnesorgane); Kenntnisse über Stoffe erwerben; stoffliche Eigenschaften benennen, besprechen und bewusst wahrnehmen; die Gefährlichkeit bestimmter Stoffe und richtiges Verhalten besprechen

Riechen: Mit unserer **Nase** riechen und atmen wir.
Wir können verschiedene Gerüche unterscheiden.

4 Deine Lehrerin oder dein Lehrer füllt Dinge mit einem starken **Geruch** in kleine Behälter (zum Beispiel Zahnpasta oder Zimtpulver). Notiere, was du riechst.

Sehen: Mit den **Augen** können wir die Welt um uns herum sehen.

5 Schau genau und male alle 14 Tiere an.

Hören: Mit den **Ohren** hören wir Stimmen, Geräusche und Töne.

6 Alle Kinder halten sich die Augen zu.
Eure Lehrerin oder euer Lehrer macht verschiedene **Geräusche**.
Versucht sie zu erraten.

LP ▶ Die wichtigsten Funktionen von Körperteilen und von äußeren Organen kennen (Sinnesorgane); Kenntnisse über Stoffe erwerben; stoffliche Eigenschaften benennen, besprechen und bewusst wahrnehmen; die Gefährlichkeit bestimmter Stoffe und richtiges Verhalten besprechen

Das Baby ist da!

Nach neun Monaten **Schwangerschaft** wird ein Baby geboren.
Von Beginn an kann es **greifen**, **saugen** und **schlucken**.
Ein Baby braucht **Liebe** und **Pflege**.

1 Welches Bild passt zu welchem Text?
Verbinde.

Beim **Wickeln** bekommt das Baby eine saubere Windel.

Babys **kuscheln** besonders gerne.

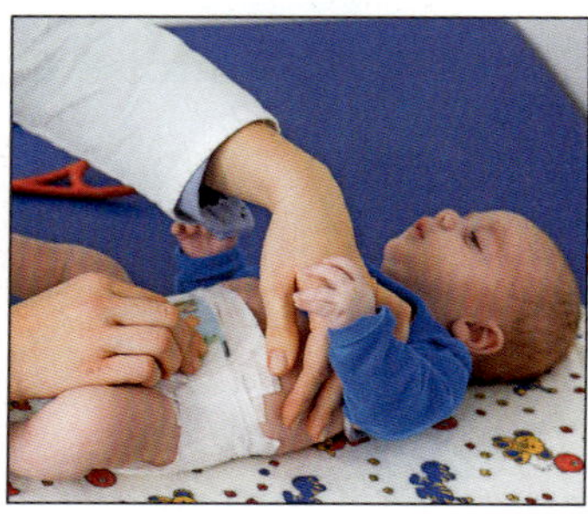

Nach ein paar Monaten kann man das Baby mit Brei **füttern**.

Das **Baden** im warmen Wasser macht großen Spaß.

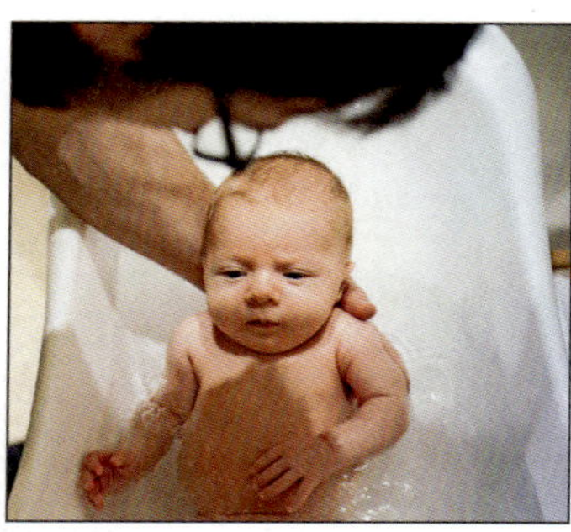

Beim **Stillen** trinkt das Baby Milch.

Durch **Spielen** lernt das Baby seine Umwelt kennen.

2 Wie war das bei dir, als du ein Baby warst?
Frage zu Hause nach.
Wenn du möchtest, erzähle in der Klasse davon.

LP ▶ Über „Familie“ als Lebensgemeinschaft sprechen; besondere Ereignisse in der Familie aufgreifen; Erinnerungen und Erfahrungen erfragen; elementares Wissen und eine positive Einstellung zur menschlichen Sexualität, die Tatsache der Elternschaft anbahnen

Ein Kind wächst heran

Felix ist gerade geboren.

1 Jahr

Felix kann jetzt gehen.

2 Jahre

Felix lernt sprechen.

3 Jahre

Felix kann schon alleine klettern.

4 Jahre

Felix kann zeichnen und malen.

5 Jahre

Felix lernt schwimmen.

6 Jahre

Felix lernt lesen, schreiben und rechnen.

(1) Gestalte ein Faltbuch über deinen bisherigen Lebensweg.
Du kannst schreiben, zeichnen und Fotos verwenden.

LP ▶ Durch Erlebnisse und Erfahrungen zu einem altersgemäßen Geschichtsverständnis gelangen; von eigenen Erlebnissen und Ereignissen berichten und diese zeitlich ordnen

Meine Woche – mein Tag

An **Wochentagen** sind alle Kinder in der Schule.
Nach der Schule haben sie **Freizeit**.
Am **Wochenende** haben alle Kinder frei.

1 Was machst du zu den verschiedenen **Tageszeiten**?

morgens | vormittags | mittags | nachmittags | abends

2 Fülle deinen **Stundenplan** für eine Woche aus.
Dann vergleiche deinen Stundenplan mit anderen.

Zeit	Mo	Di	Mi	Do	Fr	Sa	So
8–9							
9–10							
10–11							
11–12							
12–13							
13–14							
14–15							
15–16							
16–17							
17–18							

LP ▶ Zeitabläufe (Tagesablauf, Wochenplan) erfassen und einfach darzustellen versuchen

Hobbies

1

E ▶ What do you like? What don't you like? Say and draw in faces.
Wortschatz: Hobbies, I like – I don't like

Uhr und Uhrzeiten

Seit Langem messen Menschen die **Zeit**.
Dafür haben sie verschiedene **Uhren** erfunden.

1 Wie heißen diese Uhren? Nummeriere die Bilder.

- 1 Sonnenuhr
- 2 Sanduhr
- 3 Pendeluhr
- 4 Kuckucksuhr
- 5 Stoppuhr
- 6 Armbanduhr
- 7 digitaler Wecker
- 8 Eieruhr
- 9 Uhr am Handy

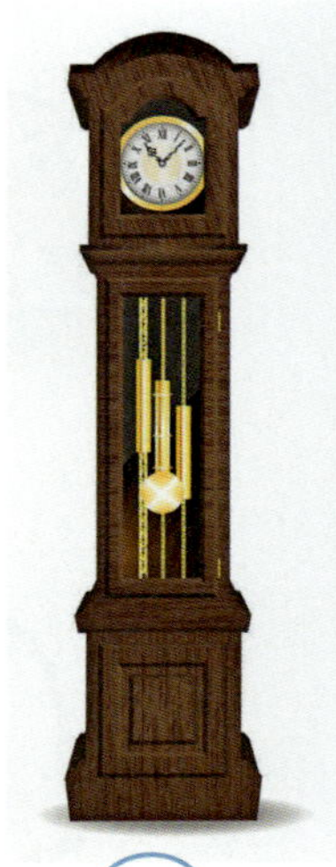

2 Kennst du die **Uhrzeit**? Trage ein und zeichne ein.

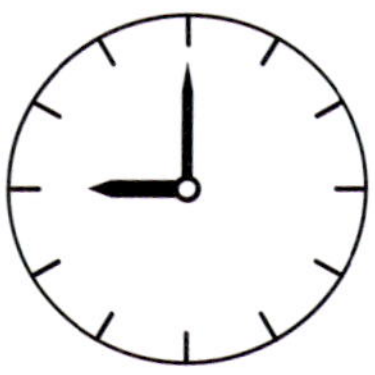

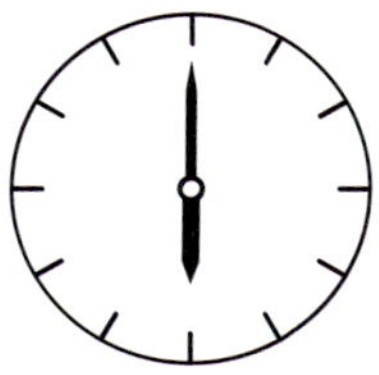

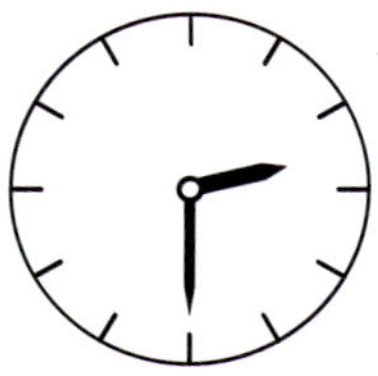

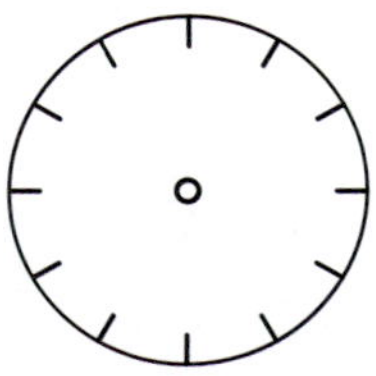

8:00

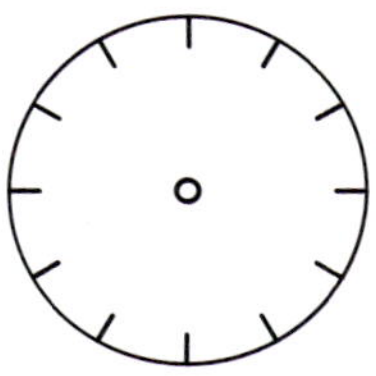

13:00

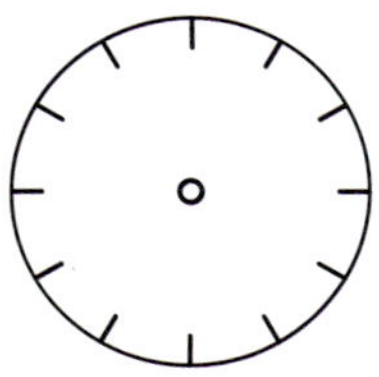

9:30

Kann man eine Sonnenuhr auch selber bauen?

LP ▶ Uhren zur Bestimmung der Zeit verwenden

The Clock

1

Der Frühling

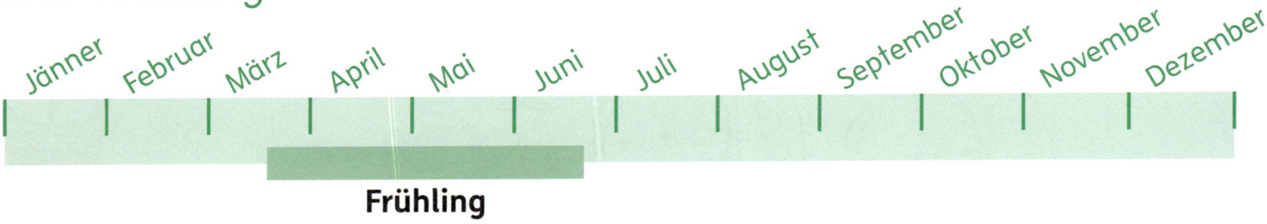

Nach dem Winter erwacht die **Natur** wieder.
Langsam werden die Wiesen und Felder grün.
Insekten fliegen zu den ersten **Frühblühern**.
Bald kommen die **Zugvögel** aus wärmeren Ländern zurück.

1 Woran erkennst du den Frühling?

5

2 Was brauchen **Pflanzen** zum Wachsen?
Pflanzt **Bohnen** und beobachtet, was passiert.

3 Zeichne und beschreibe, was du beobachtest.

LP ▶ Naturvorgänge beobachten, erstes Experimentieren (Keimversuch) kennen lernen; einfache biologische Zusammenhänge erfassen; Pflanzen pflegen
E ▶ CD Nr. 28, 29: Hello spring. Listen and sing. Wortschatz: signs of spring

Frühblüher

Die ersten Blumen, die im Frühling wachsen, nennt man **Frühblüher**. Viele haben eine **Zwiebel**, in der sie seit dem letzten Sommer **Nährstoffe** gespeichert haben.

7

1 Beschrifte die Frühblüher. Male sie in den richtigen Farben an. Du kannst dazu in einem **Sachbuch** oder im **Internet** nachschauen.

die Hyazinthe | der Krokus

der Märzenbecher | die Tulpe

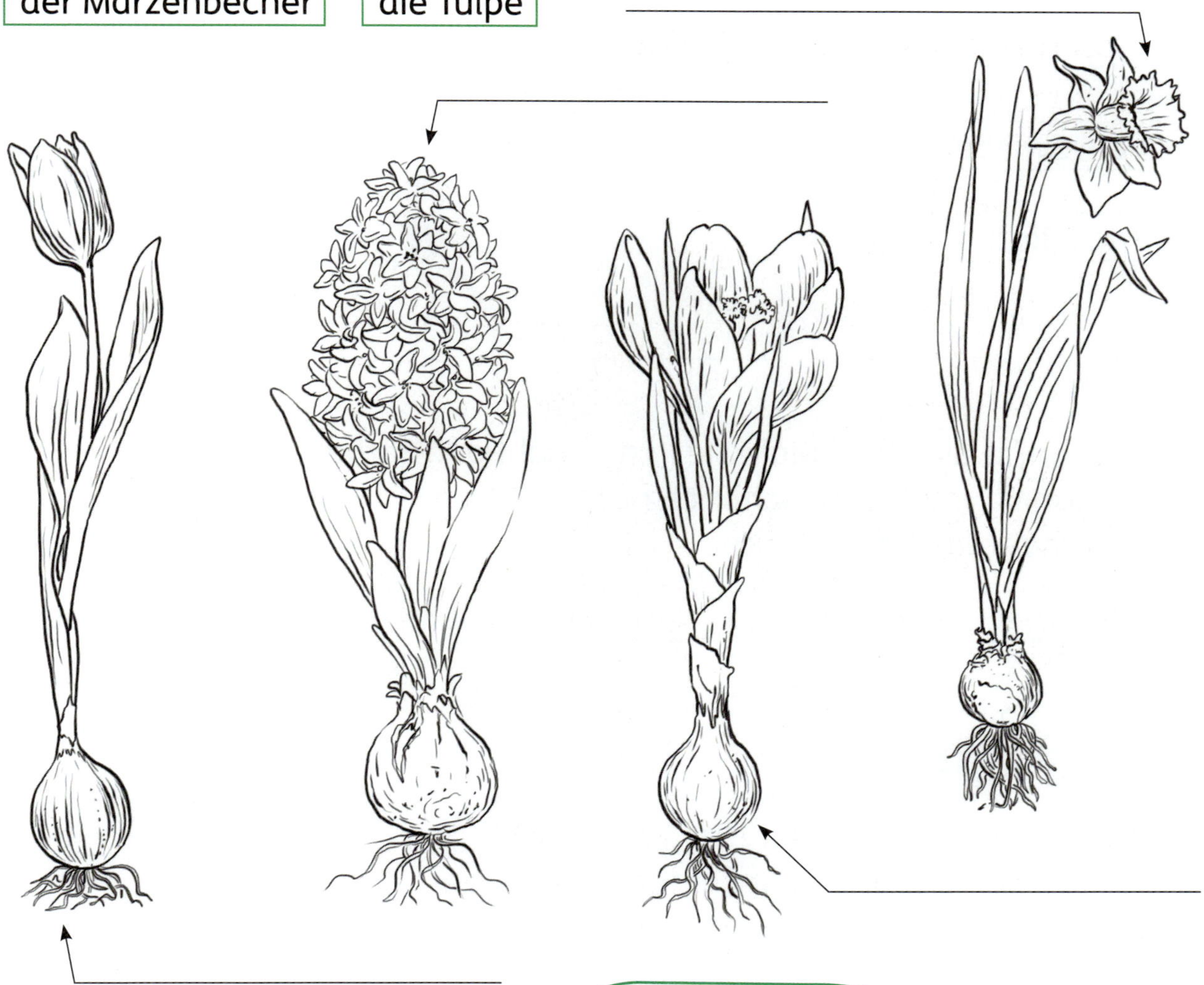

4

2 Sammelt auf einer **Frühlingswiese** verschiedene Pflanzen. Gestaltet gemeinsam **Steckbriefe**.

LP ▶ Erste Formkenntnisse über Pflanzen gewinnen; einige Pflanzen der unmittelbaren Umgebung kennen und benennen; den Bau von Pflanzen besprechen; einzelne Teile benennen

Pflanzen und Tiere im Frühling

1 Beschrifte die Teile des **Schneeglöckchens**.

die Blüte

die Wurzeln

der Stängel

das Hochblatt

die Zwiebel

das Blatt

7

2 Beschrifte die Tiere. Male sie in den richtigen Farben an.
Du kannst in einem **Sachbuch** nachschauen und mehr über sie erfahren.

Hummel | Schmetterling | Ameise | Marienkäfer | Regenwurm | Raupe

die ______

die ______

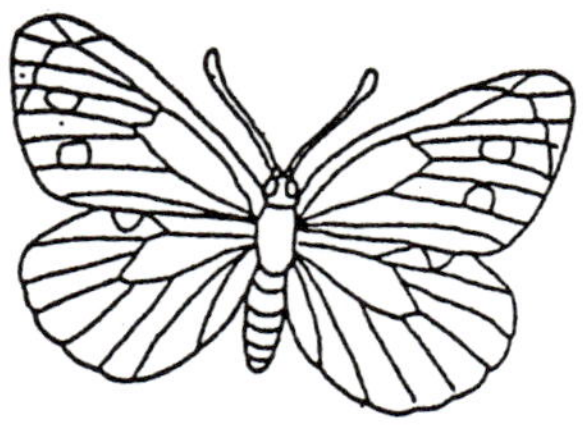

der ______

die ______

der ______

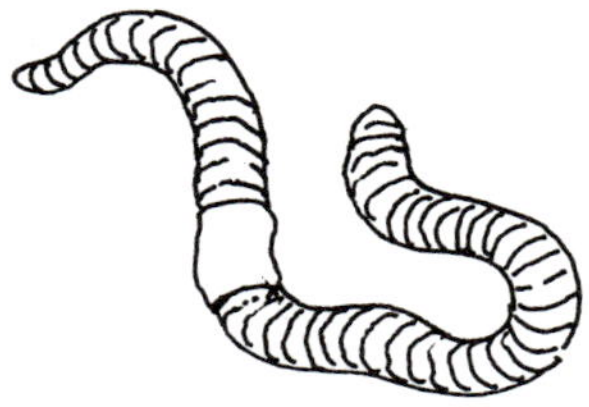

der ______

LP ▶ Erste Formkenntnisse über Pflanzen und Tiere gewinnen; einige Pflanzen und Tiere der unmittelbaren Umgebung kennen und benennen; den Bau von Pflanzen besprechen; einzelne Teile benennen

Animals

1

LP ▶ Einige Tiere der unmittelbaren Umgebung kennen und benennen
E ▶ CD Nr. 30: Little Arabella Miller. Listen, repeat and do the actions.
Wortschatz: insects, bugs, animals in the meadow

Der Storch

Der Storch ist ein **Zugvogel**.
Er verbringt den Winter in wärmeren Ländern.
Im Frühling kommt er wieder nach **Österreich** zurück.

1 Welches Bild gehört zu welchem Text? Nummeriere.

1 Anfang April kommen die Störche aus **Afrika** zurück.
Für ihre Reise brauchen sie mehrere Wochen.

2 Die Störche bauen ihr **Nest** aus dünnen Zweigen.

3 Die **Störchin** legt drei bis fünf Eier.
Das Storchenpaar **brütet** die Eier einen Monat lang aus.
Dann **schlüpfen** die kleinen Störche.

4 Die **Jungvögel** werden von den Eltern acht Wochen lang gefüttert.
Danach müssen sie ihr Futter auf feuchten Wiesen selbst suchen.

LP ▶ Naturvorgänge und Verhaltensweisen kennen lernen bzw. beobachten; Formenkenntnisse über Tiere gewinnen; Lebensvorgänge und biologische Zusammenhänge erkennen

2 Beschrifte die **Körperteile des Storches.**

der Schnabel • die Beine • das Gefieder • die Schwungfedern
der Hals • der Rücken • die Brust • der Kopf

3 Wie heißt das **Lösungswort**?
Trage die richtigen Buchstaben unten ein.

1. Zu welcher Vogelart gehört der Storch?

A zu den Laufvögeln	**N** zu den Zugvögeln	**S** zu den Standvögeln

2. Wohin fliegen die Störche im Herbst?

D nach Asien	**I** nach Amerika	**E** nach Afrika

3. Wie viele Eier legt die Störchin?

R 2–5	**S** 3–5	**M** 4–7

4. Wie lange werden die kleinen Störche von ihren Eltern gefüttert?

T 8 Wochen	**O** 6 Wochen	**Z** 3 Monate

Der Storch wohnt in einem ___ ___ ___ ___.

Die Biene

Die Biene ist ein **Insekt**. Alle Insekten haben sechs Beine. Ungefähr fünfzigtausend Bienen leben als **Bienenvolk** in einem **Bienenstock**. Jede Biene hat eine bestimmte Aufgabe.

1 Welcher Text gehört zu welchem Bild? Verbinde.

die Königin

die Arbeiterin

die Drohne

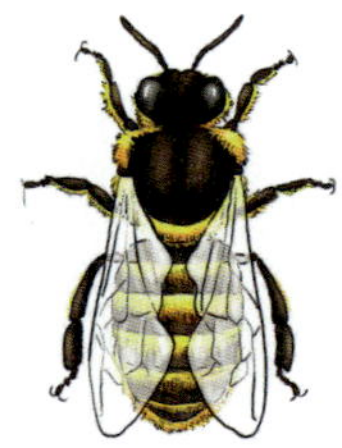

Ich versorge die Königin und die Jungbienen. Ich baue Waben und suche Futter. Ich lebe nur sechs Wochen.

Ich bin die größte Biene. Ich werde sechs Jahre alt und lege die Eier.

Ich bin ein Männchen und habe keinen Stachel. Ich arbeite nicht, sondern befruchte die Eier.

2 Wie heißen die **Körperteile** der Biene? Beschrifte sie.

der Hinterleib • der Rüssel • der Flügel • das Facettenauge
der Kopf • die Brust • der Fühler

LP ▶ Formenkenntnis über Tiere erweitern; Einsicht in Lebensvorgänge und biologische Zusammenhänge gewinnen; Beziehung des Menschen zur Natur verstehen lernen; die eigene Verantwortung gegenüber der Natur allmählich erkennen

Das Leben der Biene

Die **Königin** legt Eier in die Waben.

Aus dem **Ei** schlüpft die Larve.

Die **Larve** verpuppt sich.

Aus der Wabe schlüpft die fertige **Biene**.

Die Biene sammelt **Nektar**.

Im Bienenstock verarbeitet die Biene den Nektar zu **Honig**.

Die **Imkerin** oder der **Imker** züchtet Bienen, betreut sie und sammelt den Honig. Aus Honig werden viele Produkte erzeugt.

3 Welche **Produkte** bekommen wir von den Bienen?

4 Gestaltet einen Ausstellungstisch mit Dingen und Speisen, die aus Produkten der Biene gemacht sind.

LP ▶ Formenkenntnis über Tiere erweitern; Einsicht in Lebensvorgänge und biologische Zusammenhänge gewinnen; Beziehung des Menschen zur Natur verstehen lernen; die eigene Verantwortung gegenüber der Natur allmählich erkennen

Vom Korn zum Brot

Brot und **Gebäck** essen wir sehr oft.
Es sind viele **Arbeitsschritte** notwendig,
bis aus **Getreide** vom Feld ein fertiges **Produkt** wird.

1 Was siehst du auf diesen Bildern?
Nummeriere sie in der richtigen **Reihenfolge**.

LP ▶ Erste Erfahrungen über die Herstellung von Waren sammeln;
einen einfachen Produktionsvorgang zu überschauen versuchen (ev. beobachten);
die Bedeutung von Pflanzen für den Menschen erkennen (für die Ernährung)

2 Wie entstehen Brot und Gebäck?
Ordne die Wortgruppen den Bildern von Aufgabe 1 zu.

- ◯ Getreide dreschen
- ◯ Teig formen
- ◯ Getreide zu Mehl mahlen
- ◯ Getreide anbauen
- ◯ fertiges Brot verkaufen
- ◯ Mehl liefern

3 Macht eine **Ausstellung** mit Getreideprodukten.
Verkostet sie.

4 Besucht gemeinsam eine **Bäckerei**.
Überlegt euch vorher Fragen, die ihr dort stellen wollt.

Verschiedene Berufe

Menschen haben unterschiedliche **Berufe**. Manche stellen etwas her. Manche arbeiten, um anderen Menschen zu helfen. Mit ihrer **Arbeit** verdienen sie **Geld**, das sie zum Leben brauchen.

1 Welche **Berufe** und welche **Arbeitsstätten** entdeckst du auf dem Bild?

2 Warum sind diese Berufe für die Gemeinschaft wichtig? Besprecht die **Aufgaben** und **Tätigkeiten** der Menschen.

3 Manche Menschen haben **keine Arbeit**. Sie sind ______________________.

(solstiebra)

LP ▶ Elementare Kenntnisse über einige Berufe und Arbeitsstätten erwerben; grundlegende Zusammenhänge zwischen Arbeit und Verdienst erkennen

Was ich werden möchte

1 Was ist dein **Wunschberuf**?
Was möchtest du später einmal werden?

Das kann ich gut:

____

____

____

____

____

Das mache ich gerne:

____

____

____

____

____

Berufe, die zu mir passen:

____

____

____

____

____

Bemale die Figur mit der passenden Kleidung oder Uniform für deinen Wunschberuf.

2 Stelle den anderen Kindern deinen **Wunschberuf** vor.
Wenn du möchtest, kannst du auch von den Berufen deiner Eltern erzählen.

Jobs and Workplaces

1

2

LP ▶ Elementare Kenntnisse über einige Berufe und Arbeitsstätten erwerben
E ▶ Where do the people work? Link the pictures. Wortschatz: jobs and workplaces

Viel Arbeit im Haushalt

In jedem **Haushalt** gibt es viel Arbeit.
Es ist wichtig, dass alle zusammenhelfen.

1 Was gibt es alles in einem Haushalt zu tun?

2 **Wer** macht welche Arbeiten bei dir zu Hause?
Sind alle zufrieden damit?
Welche Tätigkeiten kannst **du** übernehmen?

LP ▶ Ein erstes Verständnis für das Versorgtwerden und Versorgen gewinnen; Funktionen und Rollen in der Familie besprechen; einige Beiträge für das Zusammenleben leisten (Aufgaben übernehmen)

Feuerwehr – Polizei – Rettung

Geraten Menschen in **Not**, musst du schnell **Hilfe** rufen.

1 Wen musst du **anrufen**?

122

133

144

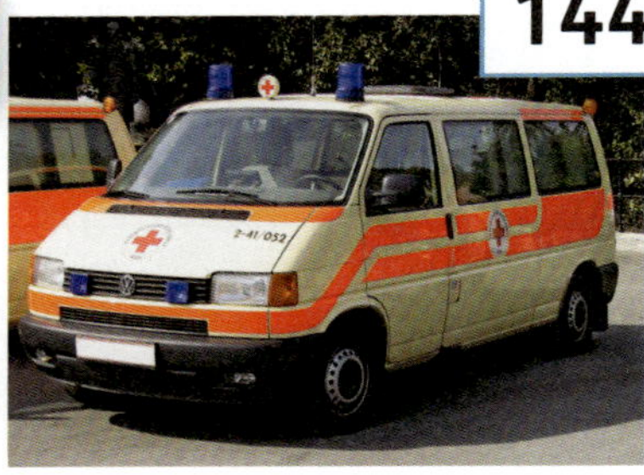

Hilfe, der Mistkübel brennt! ☐

Ein alter Mann ist gestürzt. ☐

Auf dem Gehsteig findet eine Prügelei statt. ☐

Im Stiegenhaus riecht es nach Rauch. ☐

Eine Frau ist zusammengebrochen und rührt sich nicht. ☐

Beim Nachbarn wurde die Tür aufgebrochen. ☐

2 Spielt solche **Notfallsituationen** nach.
Beachtet bei einem Notruf
die **4-W-Regel**:

Wo ist etwas passiert?

Was ist passiert?

Wie viele Verletzte gibt es?

Wer ruft an?

So kannst du dir
die Notrufnummern
gut merken:

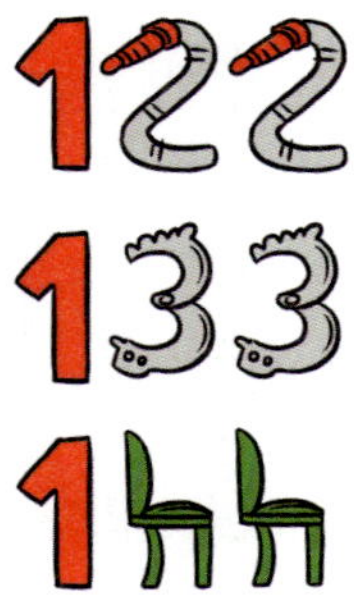

LP ▶ Elementare Kenntnisse über einige Berufe und Arbeitsstätten erwerben; Verhalten bei Krankheiten und Unfällen anbahnen; Beiträge für das Zusammenleben leisten (einander helfen)
E ▶ Wortschatz: emergency vehicles

Community Helpers

1

E ▶ Find the right ways through the labyrinth. Wortschatz: police, hospital, fire brigade

In der Stadt …

In einer **Stadt** helfen dir Straßenschilder, Ampeln und öffentliche Verkehrsmittel, dich zurechtzufinden. Du kannst dich auch an Gebäuden, Denkmälern und anderen Sehenswürdigkeiten **orientieren**.

1 Was könnt ihr alles entdecken?

2 Beschreibt wichtige **Orientierungspunkte** im Bild.
Verwendet dazu die Wörter: links, rechts, davor, dahinter, neben.

3 Woran orientiert ihr euch in der Umgebung eurer Schule?
Gestaltet gemeinsam ein **Plakat** mit Zeichnungen und Fotos.

LP ▶ Orientierungsgesichtspunkte an Fixpunkten gewinnen; räumliche Beziehungen erkennen und benennen

... und auf dem Land

Auf dem **Land** helfen dir Wegweiser und landschaftliche Besonderheiten, dich zu orientieren. Das kann ein **Dorf**, ein **See**, ein **Berg**, eine **Brücke**, eine **Alm** oder der Weg ins **Tal** sein.

1 Überlegt, welcher **Wegweiser** wohin führt.
Trage die Wörter aus dem Text oben in die passenden Wegweiser ein.

2 Informiert euch über **Sehenswürdigkeiten** und **Ausflugsmöglichkeiten** in eurer Nähe. Berichtet einander im Sitzkreis.

3 Wo und wie möchtest du gerne leben?
Zeichne oder gestalte eine **Collage**.
Du kannst dazu auch Bilder aus Reisekatalogen verwenden.

Unsere Umgebung erkunden

Suat und Anna wohnen in der Nähe ihrer Schule.
Auf ihrem **Schulweg** kommen sie an verschiedenen **Gebäuden** und **Plätzen** vorbei.

1 Wie kommen Suat und Anna zur Schule? Beschreibe ihren Schulweg.

2 Wofür stehen die **Bilder**? Trage die Nummern oben ein.

1

2

3

4

5

6

3 An welchen Gebäuden und Plätzen kommst du auf deinem Schulweg vorbei? Beschreibe einem Kind den Weg.

LP ▶ Orientierungsgesichtspunkte gewinnen: in der unmittelbaren Umgebung Wege beschreiben; einfache Skizzen anfertigen

Am Spielplatz

In deiner Nähe gibt es sicherlich einen **Spielplatz**.
Auf jedem Spielplatz gibt es unterschiedliche **Spielgeräte**.

1 Beantworte die Fragen:
An welcher Straße liegt dein Spielplatz?

____

Wie lange gehst du bis zu deinem Spielplatz?

____

Welche Spielgeräte gibt es dort?

____

Mit wem triffst du dich dort gerne?

____

2 Zeichne den Weg von deinem Haus bis zum Spielplatz.

LP ▶ Orientierungsgesichtspunkte gewinnen: in der unmittelbaren Umgebung Wege beschreiben; einfache Skizzen anfertigen

Die Temperatur messen

Wettererscheinungen wie **Wolken, Wind** und **Niederschläge** können wir beobachten. Temperaturen empfinden Menschen unterschiedlich. Deshalb **messen** wir die genaue **Temperatur** mit einem **Thermometer**.

1 Links siehst du die Teile des Thermometers.
Nummeriere rechts die verschiedenen Arten von Thermometern.

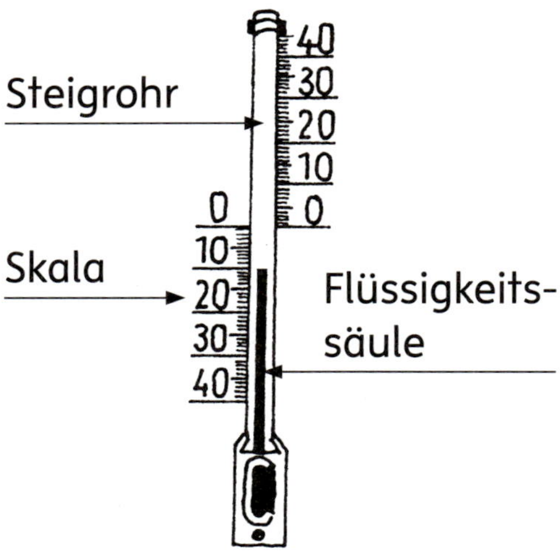

1 Fieberthermometer

2 Badethermometer

3 Zimmerthermometer

4 Außenthermometer

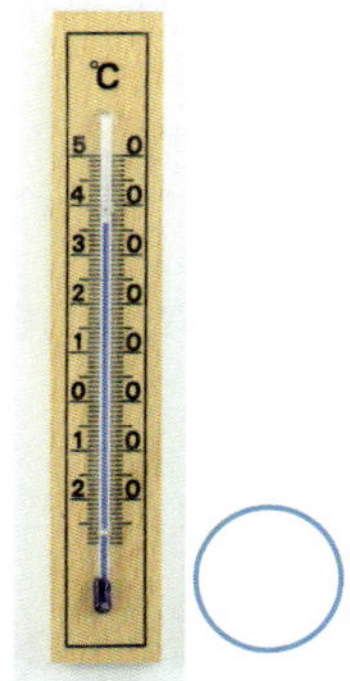

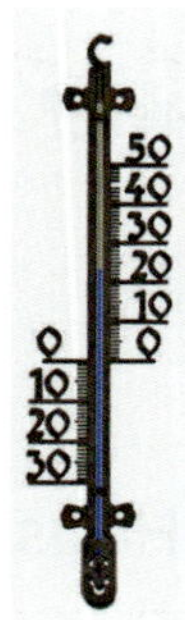

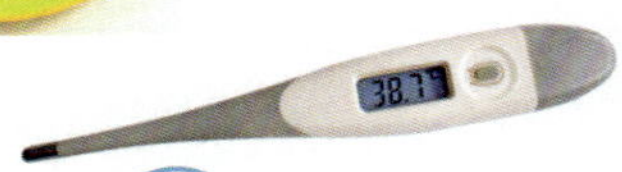

2 Zeichne die Temperatur ein.

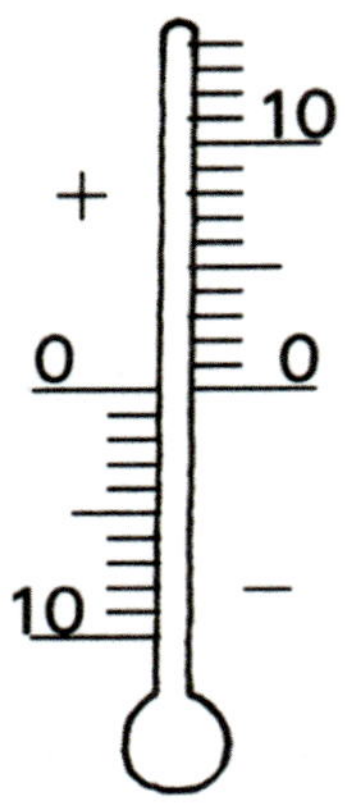

5°C

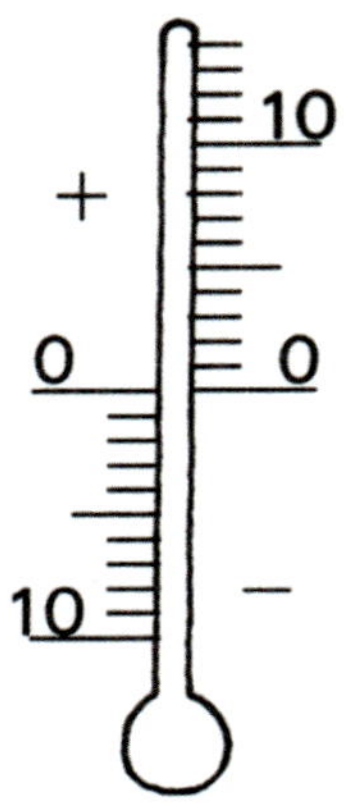

11°C

Trage die Temperatur ein.

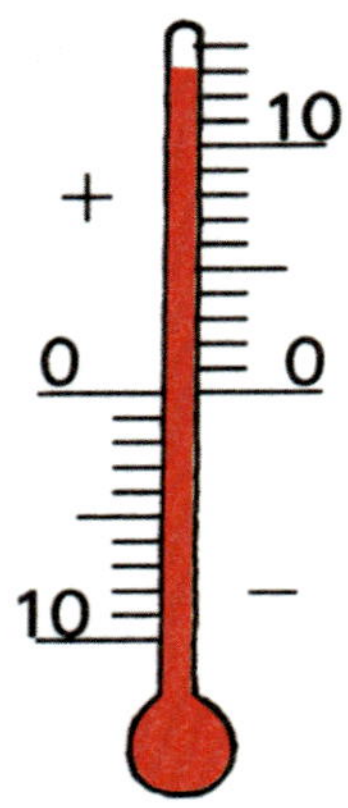

°C

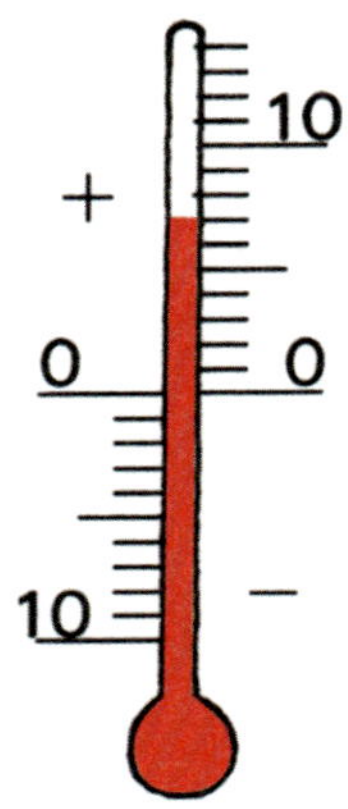

°C

3 Messt die Temperatur an einigen Stellen in der Schule und im Schulhof.

LP ▶ Kenntnisse über technische Gegebenheiten in der unmittelbaren Umgebung erwerben; Geräte und deren Verwendung besprechen; spezifische Arbeitsweisen (Messen) kennen lernen

Das Wetter beobachten

1 Wie wird das **Wetter**? Beschrifte die Bilder.

windig | sonnig | regnerisch | gewittrig

nebelig | wechselhaft | bewölkt | Schneefall

______ ______ ______ ______

______ ______ ______ ______

2 Beobachte das Wetter eine **Schulwoche** lang.
Miss jeden Tag die **Temperatur**.
Dafür brauchst du ein **Thermometer** und einen **Kalender**.
Trage und zeichne deine **Beobachtungen** in die **Tabelle** ein.

	Montag	Dienstag	Mittwoch	Donnerstag	Freitag
Datum					
Temperatur	______ °C	______ °C	______ °C	______ °C	______ °C
Wetter					

The Weather

1

2

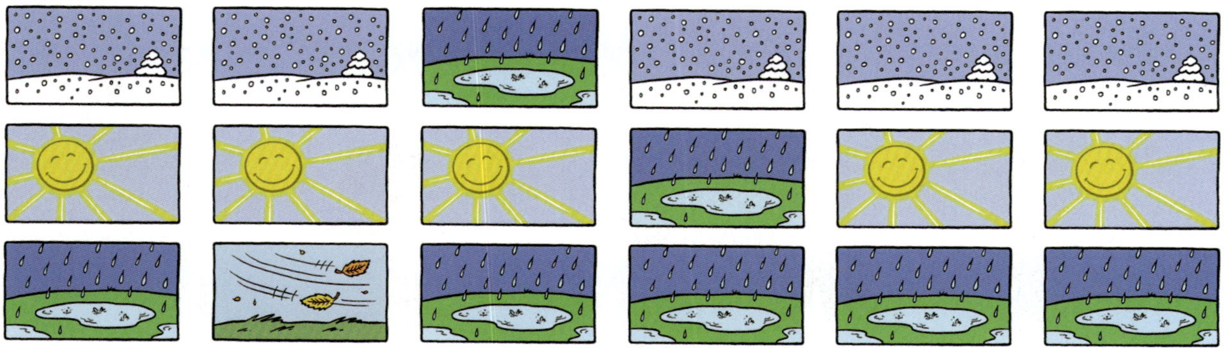

E ▶ CD Nr. 31: How is the weather today? Listen to the text and number the pictures.
CD Nr. 32, 33: Mr Sun. Listen and sing. Find the wrong picture and mark it. Wortschatz: the weather

Weather and Clothes

1

LP ▶ CD Nr. 34: Weather and clothes. Listen to the dialogues. Now make your own dialogues.
Wortschatz: weather and clothes

Luft zum Leben

Luft kann so viel!
Sie **bewegt**, sie **bremst**, sie **dehnt sich aus**, sie **transportiert** Klänge.
Ein wichtiger Teil der Luft ist **Sauerstoff**.
Menschen, Tiere und Pflanzen brauchen Luft zum Leben.

1 Vieles, was Luft kann, ist in diesem Bild dargestellt.
Kreise die 10 Wörter ein, die in dem Rätsel versteckt sind.

S	S	F	L	Ö	T	E	M	M	E	F	L	U	G	Z	E	U	G
C	D	B	E	K	W	I	N	D	R	Ä	D	E	R	J	O	O	O
T	R	F	A	H	N	E	N	I	E	W	Ä	S	C	H	E	K	C
J	A	U	C	H	J	T	B	Y	B	Ä	U	M	E	I	C	D	N
C	C	F	O	G	P	S	V	Ö	G	E	L	H	X	Q	T	K	H
Y	H	E	P	A	P	I	E	R	F	L	I	E	G	E	R	G	K
V	E	M	Q	F	B	V	O	R	H	Ä	N	G	E	L	Y	B	M
W	K	B	V	V	L	U	F	T	B	A	L	L	O	N	S	Y	N

Was Luft alles kann

1 Wie kannst du Luft **wahrnehmen**?
Probiere aus.

- Blase einen Luftballon auf. Dann zieh das Mundstück auseinander und lass die Luft wieder aus.
  Luft kann ich ○ sehen ○ hören.

- Blase einen Luftballon auf.
  Halte die Öffnung dann zu deinem Hals.
  Luft kann ich ○ riechen ○ spüren.

- Blase mit einem Trinkhalm in ein Glas Wasser.
  Luft kann ich ○ riechen ○ sehen.

2 Welche Bilder und Sätze gehören zusammen?
Male an.

Luft treibt an. | Luft braucht Raum. | Warme Luft steigt auf.

Luft transportiert Klänge. | Luft trägt. | Luft bremst.

LP ▶ Erste Erkenntnisse über Kräfte und ihre Wirkungen erwerben; Nutzungsmöglichkeiten erproben und besprechen

Experimente mit Luft

1 Einen Fallschirm basteln

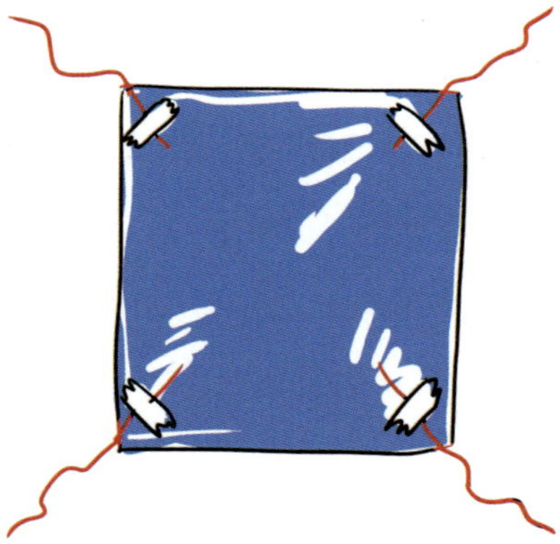

Du brauchst: einen Plastiksack,
4 gleich lange Fäden, Klebestreifen,
Büroklammern

Schneide aus dem Plastiksack ein Quadrat aus.
Klebe an jeder Ecke einen Faden auf.
Verknote die Enden der Fäden.
Hänge einige Büroklammern an den Knoten.

Ich vermute: ______________________________

______________________________________.

Ich habe beobachtet: Luft ______________________

______________________________________.

2 Ein Luftballon in der Flasche

Du brauchst: einen Luftballon, eine Flasche,
einen Strohhalm

Blase den Luftballon einmal auf
und lass die Luft wieder aus.
Stecke den Luftballon in die Flasche
und blase ihn noch einmal auf.
Nun wiederhole das Experiment.
Stecke dabei einen Strohhalm neben dem Ballon
in die Flasche.

Ich vermute: ______________________________

Ich habe beobachtet: Luft ______________________

______________________________________.

LP ▶ Im Zusammenhang mit der Werkerziehung Nutzungsmöglichkeiten erproben und besprechen; die Wirkungsweise beobachten und einfache Experimente durchführen

3 Ein Windrad basteln

Du brauchst: Papier, Klebstoff, einen Korken, einen Pinnnagel

Falte aus einem A4-Blatt ein Quadrat.
Schneide die Knicklinien
bis zur Markierung ein.
Falte jede zweite Ecke bis zur Mitte.
Klebe sie fest.
Stecke das Windrad mit einem Pinnnagel
auf einen Korken.

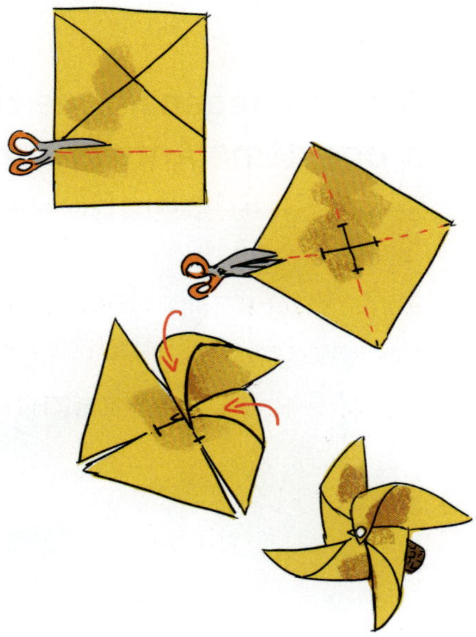

Ich vermute: ______________________________

____

______________________________.

Ich habe beobachtet: Luft ______________________________

______________________________.

4 Bücher auf einem Plastiksack

Du brauchst: einen Plastiksack, einige Bücher

Lege den Plastiksack flach auf den Tisch.
Lass die Öffnung weit über
den Tischrand hängen.
Lege einige Bücher hinten auf den Sack.
Blase kräftig in den Sack.

Ich vermute: ______________________________.

Ich habe beobachtet: Luft ______________________________

______________________________.

LP ▶ Im Zusammenhang mit der Werkerziehung Nutzungsmöglichkeiten erproben und besprechen; die Wirkungsweise beobachten und einfache Experimente durchführen

Die Kraft der Magneten

Magnete haben eine starke **Anziehungskraft**.
Mit Hilfe der folgenden **Experimente** lernst du, wie diese **Kraft wirkt**.

5

1 Welche Gegenstände zieht ein Magnet an?
Trage deine Antworten ein.

Material	Vermutung		Beobachtung	
	ja	nein	ja	nein
Papier				
Eisen				
Plastik				
Holz				
Stein				

5

2 Wie viele Büroklammern halten zwei unterschiedliche Magnete?

Ich vermute: ______________________________

______________________________________.

Ich habe beobachtet: ________________________

______________________________________.

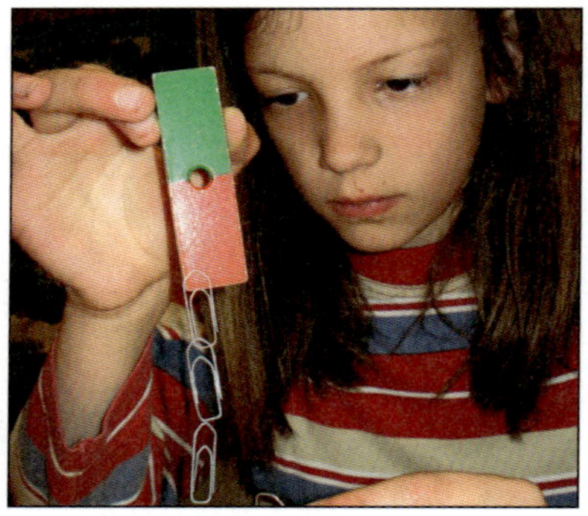

5

3 Wirkt ein Magnet auch im Wasser?

Ich vermute: ______________________________

______________________________________.

Ich habe beobachtet: ________________________

______________________________________.

LP ▶ Erste Kenntnisse über Kräfte und ihre Wirkungen erwerben; Wirkungsweise und Nutzungsmöglichkeiten erproben und besprechen; Experimente durchführen; durch Hantieren und Erproben die stofflichen Eigenschaften von Gegenständen erproben, diese vergleichen und ordnen

4 Wie reagieren Magnete aufeinander?

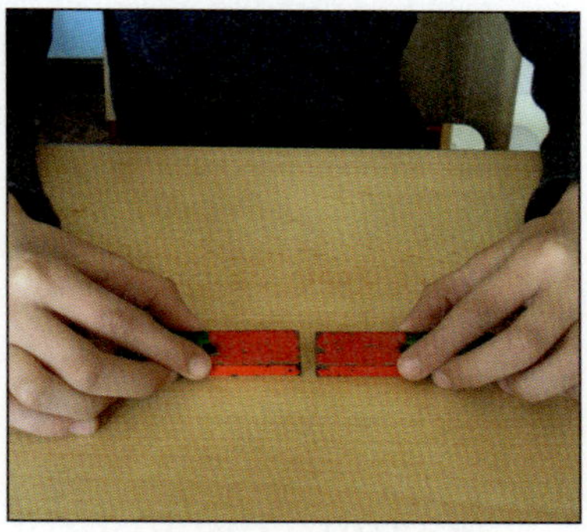

Ich vermute: ______________________________

______________________________.

Ich habe beobachtet: ______________________________

______________________________.

5 Wie reagiert ein Nagel an einem Faden?

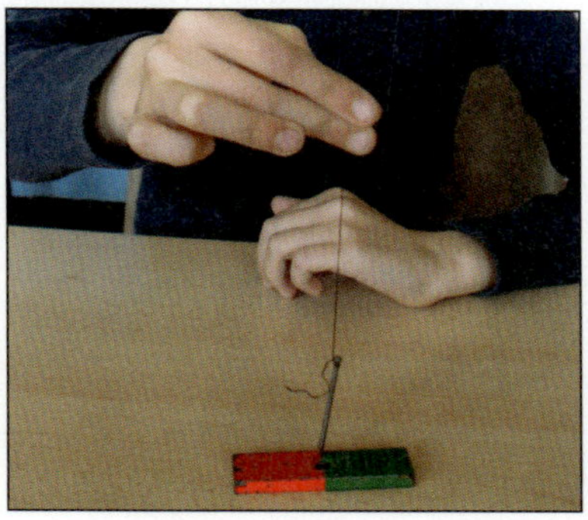

Ich vermute: ______________________________

______________________________.

Ich habe beobachtet: ______________________________

______________________________.

6 Wirkt ein Magnet durch Gegenstände?

Material	Vermutung		Beobachtung	
	ja	nein	ja	nein
Papier				
Eisen				
Plastik				
Holz				
Stein				

7 **Bastle ein Magnet-Angelspiel.**
Schneide aus färbigem Papier Fische aus.
Schreibe Rätselfragen, Rechnungen oder Lernwörter darauf.
Befestige eine Büroklammer daran.
Binde einen Magneten mit einer Schnur um einen Holzstab. Los geht's!

LP ▶ Erste Kenntnisse über Kräfte und ihre Wirkungen erwerben; Wirkungsweise und Nutzungsmöglichkeiten erproben und besprechen; Experimente durchführen; durch Hantieren und Erproben die stofflichen Eigenschaften von Gegenständen erproben, diese vergleichen und ordnen

Formen von Wasser

Wasser kann **flüssig** sein. Erhitzt wird es zu **Dampf**.

Gefrorenes Wasser ist **fest**, man nennt es Eis.

Wasser kann **gasförmig** sein, dann sieht man es nicht mehr.

1 Gestalte die Rahmen mit den richtigen Zeichen.

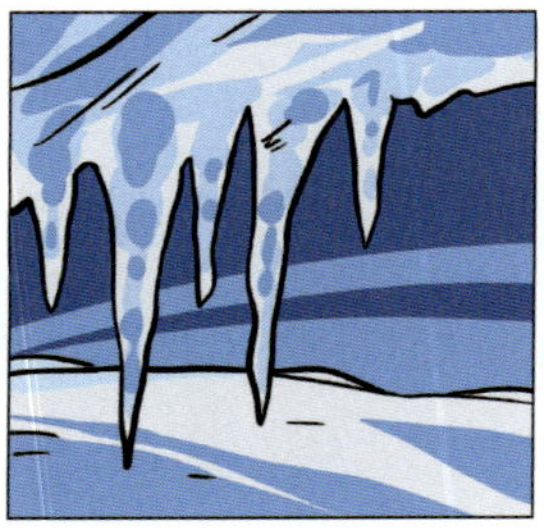

2 Trage die Wörter aus der Wörterschlange in die Tabelle ein.

REGENEISWÜRFELTROPFENEISZAPFENSEEEIS

fest	flüssig

LP ▶ Veränderungen einiger Stoffe kennen lernen;
Eigenschaften und Zweckmäßigkeit der Verwendung bestimmter Stoffe besprechen

Wasser verwenden

1 Wofür **verwenden** wir oft **Wasser**?

Wie können wir **Wasser sparen**?

2 Stellt eure **Ideen** vor. Sprecht darüber und gestaltet ein Plakat.

3 So kannst du **Wassertemperaturen** fühlen.

Du brauchst:
1 Becher **eiskaltes** Wasser,
1 Becher **lauwarmes** Wasser,
1 Becher **sehr warmes** Wasser.

Halte gleichzeitig die linke Hand ins eiskalte Wasser und die rechte Hand ins sehr warme Wasser. Zähle bis 30. Dann halte beide Hände gleichzeitig ins lauwarme Wasser. Wie fühlt sich das an?

4 Wofür verwenden wir **Wasser** in den **unterschiedlichen Temperaturen**?

Experimente mit Wasser

1 Gib einige **Eiswürfel** in eine Schüssel.
Streue **Salz** darauf.
Was passiert?

2 Was passiert, wenn du **Wasser frieren** lässt und **wieder erwärmst**?

Du brauchst:
einen durchsichtigen Becher, Wasser, einen Gefrierschrank,
einen wasserfesten Stift

Ich vermute: ____.

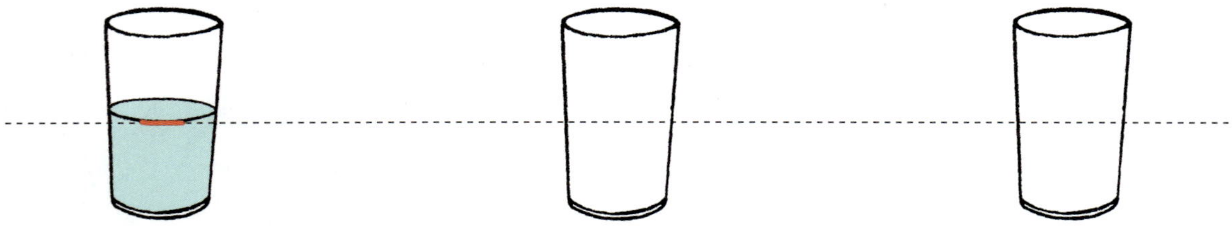

Füll den Becher halb voll mit Wasser. Markiere den Wasserstand mit einer Linie. Stelle den Becher einen Tag lang in einen Gefrierschrank.

Nimm den Becher aus dem Gefrierschrank. Zeichne ein, wie hoch der Becher nun gefüllt ist. Was ist passiert?

Lass den Becher stehen und warte ein paar Stunden. Dann zeichne wieder ein, wie hoch der Becher nun gefüllt ist. Was erkennst du?

Ich habe beobachtet: ____

____.

LP ▶ Durch erstes Experimentieren Objekte erkunden;
die Wirkungsweise von Kräften beobachten und einfache Experimente durchführen

Das hat mir besonders gut gefallen

Sachunterricht
in der 2. Klasse

Mit dem Würfel auf die Reise

Dieses **Würfelspiel** zeigt dir, was du dir gemerkt hast und was du noch einmal wiederholen solltest. Spielt zu zweit. Ihr braucht einen Würfel und Spielfiguren.

So geht das Spiel:
Du würfelst und rückst vor. Jedes Mal, wenn du auf das ?-Feld kommst, beantwortest du eine Frage.
Weißt du die Antwort, darfst du 3 Felder vorrücken.
Weißt du die Antwort nicht, bleibst du stehen und setzt einmal aus.

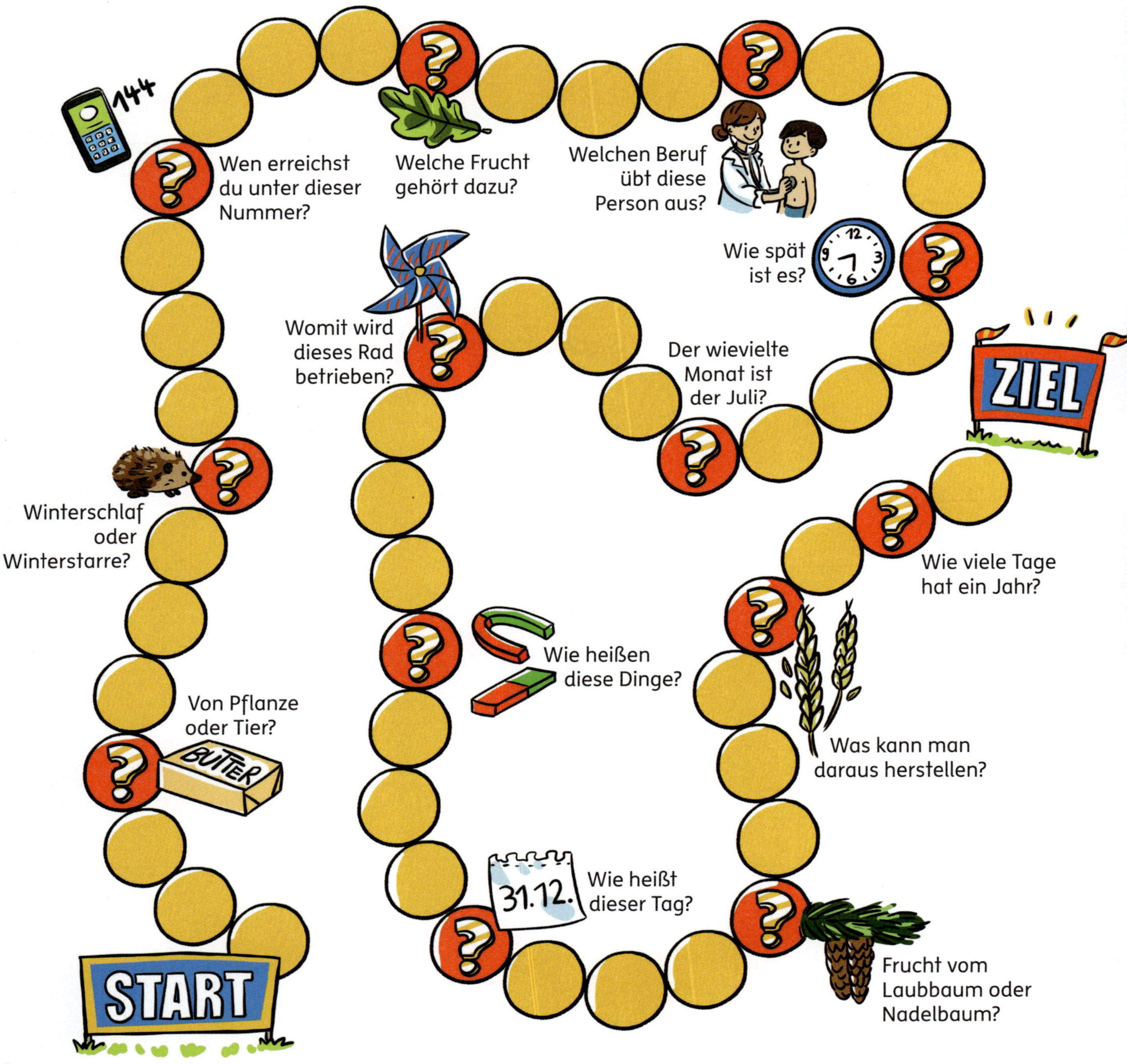

Mein Geburtstagskalender

Jänner	Februar	März	April	Mai	Juni
1	1	1	1	1	1
2	2	2	2	2	2
3	3	3	3	3	3
4	4	4	4	4	4
5	5	5	5	5	5
6	6	6	6	6	6
7	7	7	7	7	7
8	8	8	8	8	8
9	9	9	9	9	9
10	10	10	10	10	10
11	11	11	11	11	11
12	12	12	12	12	12
13	13	13	13	13	13
14	14	14	14	14	14
15	15	15	15	15	15
16	16	16	16	16	16
17	17	17	17	17	17
18	18	18	18	18	18
19	19	19	19	19	19
20	20	20	20	20	20
21	21	21	21	21	21
22	22	22	22	22	22
23	23	23	23	23	23
24	24	24	24	24	24
25	25	25	25	25	25
26	26	26	26	26	26
27	27	27	27	27	27
28	28	28	28	28	28
29	29	29	29	29	29
30		30	30	30	30
31		31		31	

Juli	August	September	Oktober	November	Dezember
1	1	1	1	1	1
2	2	2	2	2	2
3	3	3	3	3	3
4	4	4	4	4	4
5	5	5	5	5	5
6	6	6	6	6	6
7	7	7	7	7	7
8	8	8	8	8	8
9	9	9	9	9	9
10	10	10	10	10	10
11	11	11	11	11	11
12	12	12	12	12	12
13	13	13	13	13	13
14	14	14	14	14	14
15	15	15	15	15	15
16	16	16	16	16	16
17	17	17	17	17	17
18	18	18	18	18	18
19	19	19	19	19	19
20	20	20	20	20	20
21	21	21	21	21	21
22	22	22	22	22	22
23	23	23	23	23	23
24	24	24	24	24	24
25	25	25	25	25	25
26	26	26	26	26	26
27	27	27	27	27	27
28	28	28	28	28	28
29	29	29	29	29	29
30	30	30	30	30	30
31	31		31		31